陈宝琛

（1848—1935）

福建历史文化名人丛书
福建省社会科学界联合会 编

陳寶琛

末代帝师

周至杰　陈　蓉　编著

海峡出版发行集团 | 福建人民出版社
THE STRAITS PUBLISHING & DISTRIBUTING GROUP | FUJIAN PEOPLE'S PUBLISHING HOUSE

图书在版编目（CIP）数据

陈宝琛：末代帝师/周至杰，陈蓉编著.
--福州：福建人民出版社，2017.4（2020.11重印）
（福建历史文化名人丛书）
ISBN 978-7-211-07628-4

Ⅰ.①陈…　Ⅱ.①周…　②陈…　Ⅲ.①陈宝琛（1848-1935）
—传记　Ⅳ.①K827=52

中国版本图书馆CIP数据核字（2017）第068742号

陈宝琛
CHENBAOCHEN
——末代帝师

作　　者：周至杰　陈　蓉
责任编辑：陈　宽
出版发行：福建人民出版社　　**电　　话：**0591-87604366(发行部)
网　　址：http://www.fjpph.com　　**电子邮箱：**fjpph7211@126.com
地　　址：福州市东水路76号　　**邮　　编：**350001
经　　销：福建新华发行（集团）有限责任公司
印　　刷：福建省金盾彩色印刷有限公司
地　　址：福州市金山浦上工业区D区24幢
开　　本：700毫米×1000毫米　1/16
印　　张：7.50
字　　数：82千字
版　　次：2017年4月第1版　　2020年11月第2次印刷
书　　号：ISBN 978-7-211-07628-4
定　　价：25.00元

总 序

李 红

社会科学承载着“认识世界、传承文明、创新理论、咨政育人、服务社会”的重要功能，是人类赖以传承的精神支柱。近年来，福建省各级各部门认真贯彻《福建省社会科学普及条例》，社会科学普及工作扎实开展、稳步推进，通过举办全省社科普及宣传周、建立社科普及基地、开办社科普及讲坛等社科普及咨询平台载体，其制度化、常态化、大众化工作取得了明显成效。

习近平总书记指出，文化是民族生存和发展的重要力量，中华优秀传统文化已经成为中华民族的基因，植根在中国人内心，潜移默化地影响着中国人的思维方式和行为方式。福建文化是中华文化中极富特色的一部分，深度融入了中国文化的进程，展现出突破陈规、积极进取、兼容并包、锐意创新的胸襟和气魄。向大众传播福建优秀的历史文化知识，是福建省社科普及工作的重要内容。以接福建地气、讲福建故事、塑福建形象、续福建文脉的姿态编辑出版的“福建历史文化名人丛书”，既较为全面地展示了福建文化深厚的历史底蕴和丰富的人文精神，也为福建当下的社会文化建设提供了有益的资鉴。“福建历史文化名人丛书”所包含的朱熹、林则徐、严复、陈嘉庚等人物传记，记录了福建文化之于中国历史的影响，同时也以人物史的叙述方式生动地展现出中国人文精神的风骨和传统文化的传承。

今天，我们提倡和弘扬社会主义核心价值观，必须从中华优秀传统文化中汲取丰富营养，否则就会缺乏生命力和影响力。“福建历史文化名人丛书”记录了福建历史文化人物的价值观践行轨迹，重温了这批福建历史文化乃至中国历史文化史上重要人物的生命历程，以浅显晓畅、通俗易懂的叙述方式讲述了中华优秀传统文化传承的当代意义，开辟了社会科学知识进入千家万户的新路子。

“最忆市桥灯火静，巷南巷北读书声。”一套好的社会科学普及丛书，总是能带动起读书的风气。将学习作为一种追求、爱好和健康的生活方式，也是“福建历史文化名人丛书”所期望实现的目标。在文字中领略福建地域文化魅力，在阅读中传承传统文化养分，在感悟中提升人文道德情操，社会科学普及丛书的出版，可谓正当其时。

（作者系福建省人民政府原副省长，福建省政协原副主席）

目　录

前言/1

第一章　书香门第　家教渊深/001

第二章　才华横溢　年少登科/011

第三章　仕途亨通　崭露头角/019

第四章　遭遇挫折　退而不闲/041

第五章　荣为帝师　尽忠报恩/071

第六章　忠心可鉴　明辨是非/093

后记/110

梁江陳氏宗祠
官蔭正直仰慕先賢
宗輝煌重光故里

第一章

书香门第　家教渊深

螺州的陈宝琛生于官宦世家、书香门第，少年时期跟随祖父在北方远游，对他的人生道路产生了巨大的影响。而他回乡后目睹的巨变，也让他更能接受外来的先进思想。

陈宝琛出生在福州官宦世家，从小就受到良好的传统教育。陈宝琛的家族在明清两朝共有21位进士，有“世进士”之称。陈宝琛的曾祖父陈若霖是清朝乾隆年间进士，官至刑部尚书。陈宝琛的祖父陈景亮也是进士出身，官至云南布政使。而到了陈宝琛的父亲及其兄弟这辈，更是出现了“父子叔侄兄弟同榜进士”和“六子科甲”的佳话。陈宝琛的家教渊源，让他从小就养成了良好的学习习惯，有刻苦努力的精神。

显赫螺洲陈

陈宝琛的家乡螺洲位于福州南郊，闽江支流乌龙江环绕拥抱着它的南面，自古以来就以鱼米之乡、田园风光、诗书圣地而出名，是一处适合耕读的怡然之地，更是一处满载诗文的历史古迹。

螺洲陈氏宗祠

螺洲早在唐代的时候就有人居住，到了南宋时期，这里吸引了更多文人安居乐业。有史可考，螺洲最早出现的两大家族是吴、林两姓。如今螺洲现存的文庙就是建于南宋宝庆和景定年间，时间大概是1225年到1264年之间。到了明代，尊师重教的风气更加浓厚，仅螺洲方圆一公里的小岛就有书院3座，其中就以林氏家族开办的观澜书院最为有名，除此之外，没有记录的私塾应该也不在少数。正是对教育的重视，让在螺洲生活的吴、林家族的子弟在明代开始就多有中举，代代科甲。这些都是螺洲人文鼎盛的缩影。

螺洲陈氏家族自唐末从河南省固始县的“颍河”迁徙到了福建长乐，并将聚集地命名为“陈店”。到了明代洪武年间，大概是14世纪中叶，长乐的陈氏后代陈广为了让自己的子孙后代得到更好的教育，举家搬迁到了当时因书院教育而颇负盛名的螺洲。陈广当时是明朝的七品官员，家底较为殷实。他为了纪念长乐陈店，将螺洲的新定居地称为“店前”。正是陈广这种用心良苦的选择，成就了螺洲陈氏的显赫。而陈广也因家族的荣耀被后世尊称为“巨源公”。

陈氏迁至螺洲之后，一方面利用了螺洲优秀的学校资源，让后世子孙能够受到良好的教育；另一方面，螺洲是乌龙江长期冲积形成的小岛，这里土地肥沃，适合耕种，这为勤劳的陈家人在这片土地上生根发芽奠定了必要的物质基础。成年人日出而作、日落而息，小孩则背着书包上学堂。

陈氏家族的子孙没有忘记开基祖巨源公的祖训——厚积薄发。他们深受儒家文化的影响，把读书作为提高修养和品行的一种重要途径，手握诗卷，挑灯夜读，孜孜不倦。经过世代的努力，终于在1459年，陈家的陈晔第一个中了举人。而后又隔了近

80年，1538年，陈氏家族走出了第一个进士陈淮。

陈淮于1502年出生，于明嘉靖年间考中进士，自此就开启了螺洲陈氏的科甲之路。从陈淮之后到1905年清朝最后一科进士考试，螺洲陈氏家族共有108人中举，其中有进士21人，时称“福州科甲第一家”，其中20位都是在清朝的进士。特别是陈宝琛的祖父陈若霖，官至刑部尚书。

正是通过科举出仕为官，让螺洲陈氏家族成为显赫一时的福州望族。

源远流长的家学

陈氏子孙能够在古代科举考试中屡屡金榜题名，与其家学有着极为重要的关系。而家学的形成并不仅凭一两代人的努力，而是要通过几代人，甚至十几代人的传承。时间愈久，家学的底蕴愈厚重。经过一段时间的积淀之后，成熟的家学就会迸发出耀眼的光芒。

螺洲陈氏的家学远不说至明代，就从清代雍正乾隆年间说起。雍正朝，三位进士登科；乾隆朝，三位进士登科；嘉庆、道光朝，各一位进士登科；咸丰朝，两位进士登科，其中一位就是陈宝琛之父——陈承裘。到了陈宝琛这一代，陈氏的家学渊源让陈氏家族在科举之路上大放异彩。陈承裘的6个儿子（即陈宝琛和其他5个兄弟）先后中举，按照兄弟排行，前三位是进士，后三位是举人，时称“六子科甲”。这在中国科举史上都很罕见。其中陈宝琛的两个弟弟陈宝瑨、陈宝璐和陈宝瑨的长子陈懋鼎于光绪十六年（1890年）同榜中了进士，被誉为“兄弟、父子、叔侄同榜进士”。而陈若霖—陈承裘—陈宝瑨—陈懋鼎连续四代人

兄弟、父子、叔侄同榜进士牌匾

都有子弟中进士，又被称为“世进士”。这更被后人传为一段佳话，在现在陈氏宗祠中就存放着这三块牌匾，以供后人观瞻。

在中国传统文化中有四个字非常重要——慎终追远，而注入陈氏家族血液中的品质还要从陈家的第一个进士——陈淮说起。陈淮号螺江，取陈家家门口的那条大江的名称为号。陈淮曾官任司刑，是刑部下面的一个部门，掌管一个地方的司法。陈淮为人耿直、清廉，从不屈服于权贵，从不徇私枉法。陈淮的清廉得到了嘉靖皇帝的嘉赏，曾三次和皇帝共餐，并得以加官晋爵。但对于他耿直的性格，有的上司很反感。他在浙江杭州做司刑和江苏武进任节推（掌勘问刑狱）时，由于秉公执法、不受说情，得罪了上司。最终陈淮不肯同流合污，便辞官回乡，自断仕途。陈淮清廉、耿直的性格似乎是陈氏家族的每个人身上共有的基因。陈宝琛的正直与清廉非常像陈淮。

而真正对陈宝琛的价值观、人生观产生直接影响的就是他的

清朝内阁的主要任务是为皇帝出谋划策，大学士都是由足智多谋，学富五车的人担任。

曾祖父陈若霖、祖父陈景亮和父亲陈承裘。

陈若霖一生为官，是清朝非常有名的刑部尚书。他以精通律法、洞察敏锐、善于断案而闻名，他是一名从基层成长起来的官员，在四川、广东、河南、浙江、山东、云南等省当过巡抚，而且负责过多个部门，在工部、兵部、刑部都任过职。所以他对底层老百姓的疾苦深有了解，对一些违法犯罪的手段也了如指掌。如《清史稿》中就记载：束鹿县（今属河北省）一位名为王洪中的老百姓因纠纷被人殴打至重伤，而他家人屡次向官府诉讼却一直没有结果，最后王洪中因伤势太重，含冤而死。陈若霖看到这个卷宗后，查清了案件的前后经过，让王洪中沉冤得雪。陈若霖也因为办案耿直、为民做主，得到家乡人民的拥戴，甚至有一部以他为主人公的闽剧——《陈若霖斩皇子》。此剧的故事虽纯属虚构，但足以见得陈若霖刚直和清正的品质早已声名远播。

陈景亮在仕途上没有其父亲陈若霖成就大，他在兵部做过郎中，后到陕西做督粮道，再后来在山东做过盐运使、按察使、布政使。陈景亮同样为人耿直毅勇。1852年太平军包围武昌，当时巡抚召集各司道商议解围之策，却没有人敢率兵出战。身在陕西的陈景亮却毅然决然地率领2000官兵前往救援。另外，还有资料记载陈景亮剿匪时勇擒一个盗匪头目，他杀了盗匪头目，然后遣散了匪帮。最后，陈景亮因生性耿直，看不惯清末官场腐败，不愿同流合污，便在云南布政使任上辞官回乡。

陈承裘在1852年中了进士，时年25岁，留在北京刑部做事，后升任刑部主事，后来又晋封光禄大夫、内阁学士兼礼部侍郎。或许是因为长期混迹官场，早已看淡了官场得失，看清了官场的尔虞我诈，生性清高的陈承裘学不会溜须拍马，早早地就以尽孝为名，辞官回家孝敬家中老人。陈承裘淡泊名利的做法为后世子孙留下了宝贵的精神财富，陈宝琛在壮年时期仕途受挫后并没有从此消沉，可以说他的父亲功不可没。而陈承裘赋闲在家为培养和教育子女倾注了大量精力，这也才能有后来“六子登科”的佳话。

少年远游回故乡

1848年，陈宝琛出生在福州，但3岁时就随祖父举家搬迁到陕西西安。直到1858年才又随父亲回到福州。他在离开时还是蹒跚走路、牙牙学语的小儿，回来时已是心智初开、意气风发的少年。

陈宝琛再次回到故乡时，呈现在他眼前的已是另一番景象：

清末万寿桥的繁忙景象（现为解放大桥）

文儒坊原名“儒林坊”，到了宋代，因国家最高学府的重要官员郑穆居住在此而改名，明代抗倭名将张经，清代名将福建提督、台湾总兵甘国宝也居住在这里。

熙熙攘攘的街道两旁，修葺一新的建筑随处可见。沿江密布着货栈，江面船舶穿梭来往。之前只从父辈口中听过的红头发蓝眼睛的洋人也经常可见。这时距离第一次鸦片战争已经过了十几年，当初外国列强为了争夺中国这个巨大的市场，强迫清政府签订了中国第一个不平等条约——《南京条约》，开放了广州、福州、厦门、宁波、上海5个通商口岸。英、美、西班牙、葡萄牙等国先后在福州设立领事馆。

西方列强侵略中国的初衷是掠夺中国的资源、占领中国的市场，但是随之而来的也有西方的建筑和技术，最后还影响了中国人的观念和思想。随着开放时间加长和程度加深，西方器物已经成为日常所见，西方思想也潜移默化影响着人们的思维方式。比如，人们已经接受洋学堂的教育方式，不仅仅只诵读四书五经，而且开始学习天文、地理、历史、物理等知识；人们慢慢接受了男女平等的思想，读书不再是男子的专利，越来越多的女子被送到教会女子学校；还出现了幼儿教育、师范教育、船政教育等专门教育。

福州这个古老的沿海城市在短短的20几年间发生了巨大的变化，无疑让刚从内陆回来的陈宝琛极大地开阔了视野。

1858年，陈宝琛随父亲回到久违的故里，一直居住在三坊七巷文儒坊，直到同治七年（1868年）考中进士才进京为官。在文儒坊里，有一条幽深清静的小巷，叫闽山巷，俗称“三官堂”，那是因为该巷古代建有三官堂而得名。10岁的陈宝琛回闽后主要就是居住在这个地方。至今三坊七巷里还完整地保留着陈承裘故居。这处故居建于清初，同治年间为陈景亮所购。郭柏苍在《全闽明诗传》中称，陈景亮故居“擅池馆之胜”。

陈承裘故居

陈承裘故居以用材考究、雕工精巧而闻名。主座坐南朝北，临街六扇大门，门额上高悬“六子科甲”横匾。两侧马头墙高大，牌堵上有人物故事灰塑。门扇下半部用藤条和门钉装饰成喜字、万字图案；卷棚屋檐，双坡泄水，一对莲花垂柱，美观大方。入门为三间排门厅，进石框大门就是大院。院前后两进，共有四道马鞍墙，鹊尾翘角，线条优美，宏伟壮观。大厅上原有清代名流吴大澂、张佩纶、张之洞等人的书联。故居内有园林，其精妙程度不亚于苏州园林；同时建有书房，坐西朝东，面阔三间，进深三间，房前花木荫翳，清幽雅致。原有一株老梅，相传为陈承裘手植。陈承裘喜欢梅花的品性：“墙角一枝梅，凌寒独自开”，所以陈承裘故居被后人称为“梅舫”。这也正是他价值观的写照。少年陈宝琛在考取功名的过程中大部分时间在此书房中度过，也受到父亲高洁、坚强、谦虚的品格的影响。而晚清时期的陈宝琛更像一株梅树，在严寒中，梅开百花之先，独天下而春，独全晚节。

三坊七巷锁不住少年陈宝琛对外面世界的好奇，他在这里生活学习的10年，正是世界观、人生观、价值观形成的重要时期，陈宝琛在后来的赋闲时光中为中国教育的现代化做出了重要的贡献，与其这段时间的经历有直接的关系。

第二章

才华横溢　年少登科

回乡后，天资聪颖的陈宝琛接受了系统的教育，他的科举之路一帆风顺，21岁时就中了进士，并同时完婚，可谓双喜临门。

德才少年初长成

陈宝琛年少成才，与他的刻苦用功是分不开的。十几岁正是长身体的时候，特别需要睡眠，但陈宝琛却每天早起晨读。伴随着清晨的第一缕阳光，三坊七巷文儒坊的闽山巷便传出了琅琅读书声。陈宝琛正带着他的弟弟们晨起诵读儒家经典。

陈宝琛早起的习惯保持了一辈子。在他成为帝师的时候，他仍坚持每天清晨第一个进宫等皇帝醒来。陈承裘看到陈宝琛能够自发用功读书，甚是欣慰，所以四处为他寻求名师。

少年陈宝琛前后拜过8位儒学名师，比如王熙甫、梁礼堂、林可舟、林勿邨等，他们都是当时福州著名书院的“掌教”（相当于现在的校长，或者是主管教授）。其中梁礼堂是鳌峰书院的掌教，是陈宝琛二弟陈宝璐的外舅，他教授陈宝琛的时间最长。林可舟同样也是鳌峰书院的掌教，同时还曾司职翰林院，才识十分过人。林勿邨则是道光朝的状元，曾任巡抚，当时为正谊书院的掌教。陈宝琛在正统儒家思想的哺育下，在书香门第祖训家风的熏陶下，逐渐成长为一位德才兼备的少年。

陈宝琛对儒学的兴趣虽说是家学浸染，但也离不开父亲的引导。陈承裘深知博大精深的儒家思想远非陈宝琛这等年纪的小孩所能领悟，便想了个办法：每当陈宝琛上课的时候，陈承裘总是在教室外等候，一是监督孩子们上课是否认真，二是准备下课后给他们“加餐”。而这道风味独特的“餐”恰是这些少年们课后的美味。陈承裘不仅博览群书，而且阅历丰富，对儒学经典背后相关的故事都是如数家珍。每次陈承裘都能够根据陈宝琛上课的内容，介绍一些古代的忠孝历史故事，并且结合当时发生的一些重要时事，对儒学经典所阐述的思想加以解释，帮助陈宝琛对这些经典加深理解。

同时，陈承裘还坚信任何言语的教育都不及实际行动的感染来得有效。陈承裘的一生都在努力践行儒家所倡导的仁义礼智信。这不仅为陈承裘带来了信誉，更为孩子们树立了一个实实在在的榜样。陈承裘的这些言行都成为少年陈宝琛最好的读本，让他感觉到儒家思想塑造一个人品格的强大魅力，让他打心眼里喜欢上了儒家经典，更让他逐渐理解了儒家思想的精髓。

陈承裘对陈宝琛这种格外用心的“照顾”和身体力行的教育，不仅让陈宝琛满腹诗文，还帮助他树立了健康、积极的人生观、价值观，并培养了一颗爱国心。使他后来在重要的历史关头都能做出正确的选择。

科举考试露头角

1860年，陈宝琛回到福州不久后便参加了在福州举办的县试，并成为秀才。清朝县试一般共考5场，每日一场，黎明前点名入场，即日交卷。第一场为正场，主要考查的内容是“四书”文两篇，五言六韵试帖诗一首。题目、诗、文的写法都有一定的格式和字数限制。小小年纪的陈宝琛能够连续通过5场考试，并取得好成绩，既说明陈宝琛才识过人，更展现了他少年老成、思虑过人的心智。陈父甚喜，知道儿子一定能继承祖业，在科举上取得成功。与此同时，陈父也担心

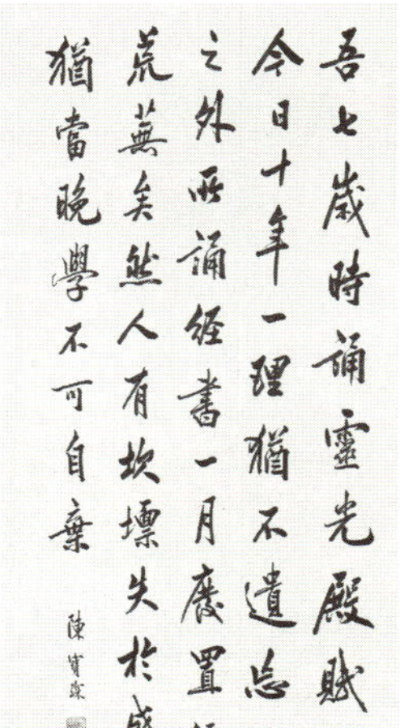

陈宝琛书法

陈宝琛年少气盛，会因一时的成功而忘乎所以。于是陈父一方面对儿子提出了更高的要求，请来许多名师教授学业；另外一方面不断地告诫儿子要戒骄戒躁，引用历史名人典故让他明白“月满则亏”的道理。陈宝琛谨遵父教，加倍努力，常常深夜挑灯夜战，早晨闻鸡起舞，勤读诗书。

时间很快，一晃五六年过去了，陈宝琛已经初长成人了。

1865年阴历八月初八，虽已入秋，但福州的天气依旧炎热。陈宝琛轻装上阵，信心满满地走进设在福州的贡院，参加乡试。清朝乡试每3年举行一次，考场设在各省省城，参加乡试的考生必须取得秀才的资格后才可以报名。陈宝琛在考中秀才之后，在父亲的严格要求下，又在学业上大有精进。在这次的乡试中，陈宝琛再次博得考官的一致好评。当时负责福建乡试的主考官丁濂甫在看完陈宝琛呈交的试卷后非常满意，给予了很高的评价。陈宝琛在乡试中共参加了3场考试，每场考3日，每场提前一天入场，连续考3场，共计9天。八月初九为第一场，试以《论语》一文、《中庸》一文或《大学》一文、《孟子》一文，五言八韵诗一首，经义4首，初场的“四书”题每道都要写200字以上，“经义”题则需要写300字以上。陈宝琛拿到卷子便洋洋洒洒埋头写了起来，他对儒家经典不仅信手拈来，而且能够深入浅出地阐释自己的理解，考官对他的评语是：“首艺去肤存液，出显入深，次坚卓，三有古致，诗典雅”。十二日为第二场，试以“五经”一道，并试诏、判、表、诰一道，主要考查考生对各种文体的掌握情况。此场考试陈宝琛更是应付自如，写出了“渊懿朴茂，典丽矞皇”这样堂皇大气、华丽典雅的文章。十五日为第三场，试以5道时务策，即结合经学理论对当时的时事政务发表议论。议论文是这场考试的主要文体，陈宝琛旁征博引，观点鲜明，考官

对他的评语是“旁搜远引，汲古功深”。陈宝琛深厚的国学功底、丰富的游学经历等优势在这场考试中得到充分的展现。

陈宝琛在乡试考中举人后又顺利考中进士。而进士考试更为严格。清代科举制度规定，凡通过乡试者均可参加次年春天在京师举行的会试，即丑、辰、未、戌年春季，由礼部主持，考3场，每场3天。陈宝琛正是于同治七年（1868年）春天赴北京参加会试。会试的考场都是单独一间，每个人进去前都必须先搜身，然后发3根蜡烛，进去后马上封锁房门，考生就在里面答题，晚上也在里面休息，考试期间考生的吃喝拉撒都在单间内。会试考中之后，考生还必须参加次月由皇帝亲自主持的殿试，殿试合格后才能成为进士。陈宝琛正是经过这些层层考核才得以高中进士。

十余载的寒窗苦读，今朝终于科举高中。出身官宦世家的陈宝琛和他的先辈们走上了同样的成功之路。摆在他前面的是否就是平坦的仕途和富贵的人生呢？

洞房花烛双喜临

封建社会的读书人最为春风得意之时莫过于“金榜题名时，洞房花烛夜”。双喜临门，就是古时人们所津津乐道的“大登科”加“小登科”。科举高中为“大登科”，而新婚之时，新郎穿红袍，戴桂冠，就像中第登科时的装束一般，容光焕发，又称为“小登科”。21岁的陈宝琛便迎来了人生的春风得意时。

1868年，陈宝琛凭借在会试和殿试中的突出表现，顺利通过皇帝的朝考，被选入翰林院。翰林院是清朝储备人才的基地，清制规定“非翰林出身不得入阁”，能进翰林院的进士都是进士中的佼佼者。晚清重臣曾国藩、李鸿章等都是翰林院出身。

翰林院设有掌院学士、侍读、侍讲、修撰、编修、检讨、庶吉士等官职。除了在殿试中一甲进士（即第一、二、三名的状元）、榜眼、探花直接入翰林院，并授予修撰、编修官职外，其余进士都要参加朝考。朝考主要考论诏、奏议、诗赋，选擅长文学书法者为庶吉士。入选翰林院都必须由皇帝钦点，所以又被称为“点翰林”。庶吉士严格意义上来说并非官职，它仅是进入翰林院的资格，是有期限的。庶吉士一般为期3年，期间由翰林院内经验丰富者为教习，授以各种知识。3年后，在下次会试前进行考核，称“散馆”。成绩优异者留任翰林，授编修或检讨，正式成为翰林，称“留馆”。其他人则被派往六部任主事、御史，或被派到各地为官。1868年，陈宝琛得中进士，入翰林院，改翰林院庶吉士。隔年便通过翰林院考核，被授予翰林院编修，正式成为翰林院官员。这年，陈宝琛年仅21岁。此后16年内，陈宝琛在仕途上青云直上，官至内阁学士兼礼部侍郎。

中了进士的陈宝琛自然成为家族的又一荣耀，同时又顺利进入翰林院，更是大家追捧的对象。加上他的曾祖父等都曾在京城为官，许多世交好友都纷纷赶来祝贺。于是大家就说起了陈宝琛今天学业已成，事业取得了很好的开端，应该要考虑自己的人生大事了。封建社会婚姻大事靠媒妁之言、父母之命，陈宝琛自然听从了家人的安排，迎来了他的人生伴侣：一位知书达理、聪慧过人的女性——王眉寿。

王眉寿同样来自福州，祖父是工部尚书王庆云，弟弟王仁堪为光绪三年（1877年）状元，与陈家是世交。传统社会要求女性必须做到相夫教子，遵从三从四德。出身于书香世家的王眉寿与传统封建社会的女性有很大的不同。王眉寿从一开始就有男女平等思想，她认为女子并不是丈夫的附属品，也应该有属于自己的一片天地。她在福州与陈宝琛完婚之后，陈宝琛要赴京任职，照理应该随夫前往。但她不愿离开自己的家人，竟让陈宝琛孑然一身赴京为官，这与封建社会所倡导的“出嫁从夫”观念显得格格不入。一方面当然是王眉寿受事亲至孝、父母在不远游观念的影响；另一方面也是其敢于反抗世俗观念、有男女平等思想的反映。可以说王眉寿以一种不同于传统社会的新方式成了陈宝琛的“贤内助”。

婚后的王眉寿不仅相夫教子，在20世纪初还成为陈宝琛开办新式教育的重要助手。她认为要改变女子的命运，就必须让女子同样享有受教育的权利。王眉寿借陈宝琛在福州兴办新式教育之机，大力发展女子教育。光绪三十二年(1906年)，她选在福州光禄坊玉尺山房创办“女子师范传习所”，分为“保姆”和“小学教员”两班，招收女学生60余人，自任监督。光绪三十三年（1907年），全闽学会会员林伯棠倡办“女子职业学堂”，王眉寿兼任监督。这个学堂分“刺绣”和“造花”两班，每班40人，提倡女子自立。宣统元年(1909年)，这两所学堂合并为“女子师范学堂”，王眉寿仍为监督，被称为“范之师”。清政府颁赐“闽峤女宗”横匾，褒奖王眉寿的突出贡献。此外，她还在螺洲创办“螺洲两等小学”，为家乡培养人才。王眉寿身兼数职，对推动女子教育事事躬亲，极大地推动了福建女子教育的发展，提高了女子在社会上的地位。在陈宝琛重返京城的那些岁月中，王眉寿帮助陈宝琛延续了在福建开办新式教育这一伟大的事业。

正是这样一位女性，陪伴陈宝琛走过意气风发的岁月、淡泊名利的日子、重整旗鼓的时代。两人相互扶持，相互影响，开拓创新，成为中国近代新式教育的拓荒者。

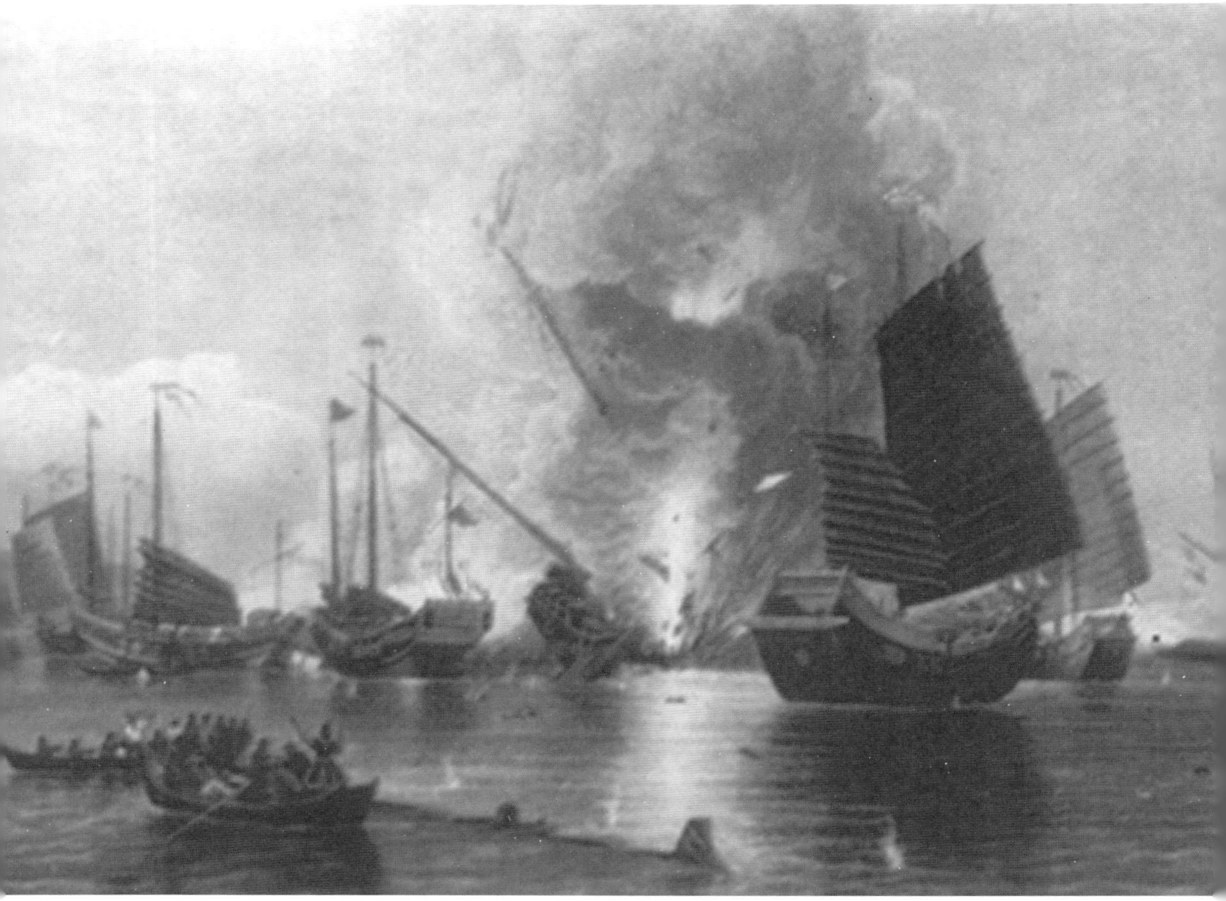

第三章

仕途亨通　崭露头角

陈宝琛中了进士后，仕途亨通，充分发挥了言官进谏的职能。他在内政和外交方面都敢于直言上书，推动政治改革，促进经济发展，鼓励广纳贤才，成为名震天下的“清流四谏”之一。

勇辨忠奸诛崇厚

陈宝琛生活的时代正是清朝走向没落、帝国主义列强纷纷侵略中国之时。19世纪70年代后，西方列强瓜分中国的贪欲更是表露无遗，把侵略的矛头直指我国的西北、东南、西南边疆和海疆。

面对外国列强的侵略，清廷内部有两种不同的声音：一种是主战，与帝国主义列强斗争到底；另一种则是主和，通过签订不平等条约来换取暂时的和平。年轻气盛的陈宝琛力主抵御侵略，并弹劾抨击误国奸臣，特别是在“俄约”和“琉球案”中提出“塞防”和“海防”并争的强硬外交立场。

“俄约”是指清政府在1879年10月与沙俄签订的丧权辱国的《交收伊犁条约》。该条约是在清政府不败而败、沙俄不胜而胜的背景下签订的。沙俄作为中国的邻国，早在第二次鸦片战争时期就通过《瑷珲条约》《北京条约》和一系列勘界不平等条约，侵占了中国140多万平方千米的领土。随后又派兵占领了新疆伊犁地区。在西北边疆告急的时候，日本又以“琉球案”为借口，发兵进犯台湾。同时出现的边疆和海疆危机，一下子让清政府措手不及，不知如何应对。以李鸿章为首的主和派认为以当时清政府的兵力，既要海防又要塞防，将会首尾难顾，主张放弃新疆。而以左宗棠为首的主战派认为要先守住新疆，击退沙俄，从而震慑其他觊觎中国领土的国家，使其不敢来犯。清政府为左宗棠的决心所打动，采纳了他的主张，任命他为钦差大臣，督办新疆军务。1878年初，左宗棠成功地收复了除伊犁地区以外的新疆全部领土。他本想乘沙俄和土耳其打仗的机会继续进兵伊犁，从而迫使俄方退去库尔札。在清军取得胜利的大好形势下，清廷派完颜崇厚出使沙俄谈和。崇厚自恃精通洋务、有多年与洋人打交道的经验，但实际上他不懂外交，不顾国家和民族利益，贸然与沙俄签订了丧权辱国的和约——《里瓦几亚条约》（简称《崇约》）。条约名义上把伊犁归还中国，但却将伊犁南境的帖克斯河流域和西境霍尔果斯河以西的大片领土割让给沙俄，其西境、南境仍被俄占，处于北、西、南三面受敌的境地，伊犁成为孤城。而且条约还涉及赔偿军费、免税贸易、增辟通商线路和增设领事等不平等条款，是一个严重损害中国主权和领土完整的不平等条约。消息传到国内，朝野共愤。崇厚也被判革职问斩。

这件事是中国的内政，但软弱无能的清政府却在外国势力的干涉下释放了崇厚。陈宝琛目睹这一幕后，激愤万分，痛心疾首。愤怒的是中国的神圣领土却轻易被人侵占；痛心的是大清律例、祖宗家法、国家内政却被外国人随意操纵。于是，他奋笔疾书，上奏皇帝，痛陈崇厚之罪不可赦、江山领土不可丢，指出国家不能失去主权，坚决主张“诛崇厚，毁俄约”。

陈宝琛写下了《请责枢臣迟延贻误折》，他认为崇厚与俄国签订了丧权辱国的条约，却逍遥法外，并造成改约困难的局面的主要原因在于中枢大臣的“迟延贻误”。他列举了三方面的事实：第一，对崇厚的处理原本是国家内政，却被沙俄利用作为不改约的要挟条件。第二，一些官员心存侥幸的懒政思想，总理各国事务衙门在接到圣旨驳改条约后，居然压了3个多月，才派使者至沙俄提出抗议，而此时沙俄已经兵犯我疆土，既成事实，无力回天。第三，中枢大臣不作为，对于边防迟迟没有采取切实有效的军事行动，而导致坐失先机、坐以待毙，到最后只能人为刀俎、我为鱼肉，任沙俄提出各种不平等的要求。陈宝琛建议要深究中枢机构具体负责人的责任，才能伸张正法、立正气。陈宝琛明知中枢机构里都是握有实权的大臣，搞不好还会惹来杀身之祸，却站在反对俄国军事恫吓和强权政治的外交立场上，站在维护纲纪、国法的高度，抨击权臣，痛陈罪行，讽谏君王，胆识可见一斑。更为可贵的是，他非常注重对边疆地理历史的研究和对外时事的研究。同一年内，陈宝琛有3封奏折都是力主收复沙俄侵占我国的疆土，并提出以后东三省官员应该满汉兼用等卓有远见的建议。

正在沙俄派舰到中国海面示威，为中俄改约谈判施加压力时，日本乘机派使到京，也要求更改约章。清政府内部出现了“联日防俄”的声音。总理衙门打算与日使改约，同意增加“一体均沾”一条，允许日本商民在中国内地通商。陈宝琛立即上书指出：“联日交即以分俄势”之说是“惜于事理”，要想借日本之力来抵抗俄国只是自己的一厢情愿，其流弊必“祸延于朝鲜，而中国之边患更亟矣”，这样一旦朝鲜爆发危机，只会让中国失去边疆的这一屏障。对曾纪泽在俄京进行改约谈判一事，他和张之洞联衔上书，主张不能“捐可守之疆土，掷已返之侵地”，表示捍卫领土完整的决心。对俄国屯兵数千于喀什噶尔西南之阿来，认为这是沙俄“恫吓要挟”，“其劳师远，不足害怕”。因此，他主张“塞防”和“海防”并重，“俄事既可以坚持，日事益毋庸迁就”。陈宝琛于1880年9月上折严词批驳“联倭拒俄”论，一针见血地指出日本企图以琉球为跳板，进而侵犯台湾等领土的野心。他指出一旦日本得逞，中国海疆将不保，主张要清流官员是指那些在一定阶段内士大夫中负有时望，或在学术道德上享有较高声誉者，他们不愿同流合污，批评不良社会风气，攻击官僚体制中的弊病，往往代表社会中正面、积极的一派，并成为社会改良的进步力量。

收复琉球，并对日本采取经济制裁手段，制造国际舆论，给日本施压。陈宝琛的奏折句句发人警醒，但当时的清廷已经无力应对对中国虎视眈眈的列强，弱国岂有外交？但陈宝琛并未放弃清王朝，更未放弃心中那股爱国热情，要做的就是用自己的方式来保家卫国。

清流健将获威望

晚清的清流党主要由进士组成，可分为“北清流”和“南清流”两个派系，“北清流”就是以李鸿藻为首的北方籍清流人士，主要成员有张之洞、张佩纶、黄体芳、何金寿、陈启泰等。“南清流”则是以军机大臣沈桂芬、户部尚书翁同龢为首的南方籍清流人士，主要成员有盛昱、王仁堪、志锐、文廷式、黄绍箕、丁立钧等。“南清流”这股政治势力一直延续到清朝末年，是力挺光绪皇帝的中坚力量，也称为帝党。“北清流”则在晚清的政治舞台上形成了一个重要的党派——清流党。清流党就是那些以批评弊政、参劾权臣为己任的清高自傲型言官群体，这些言官在朝廷上都有一定的名望和地位，但无多大实权。他们擅写声讨、参劾一类的奏折，其角色相当于政府的内参记者，常常搞得大臣们心生嫉恨，也常令慈禧和皇帝下不来台。而陈宝琛就属于清流党的中坚力量，就是那个常常惹得慈禧和皇帝咬牙切齿的谏官，和学士张佩纶、通政使黄体芳、侍郎宝廷等好议论时政，当时合称“清流四谏”。而陈宝琛的成名之战就是两次上折直批慈禧和皇帝，一次是光绪六年（1880年）为“庚辰午门案”翻案，一次是光绪七年（1881年）批评慈安太后的葬礼不合礼制。

1880年的“庚辰午门案”原本只是太监与护卫争吵的一件小事，却在两宫太后的干涉下演变成一个冤案。慈禧有个妹妹，下嫁醇亲王奕譞，他们的第二个儿子便是光绪皇帝，如此说来醇亲王是慈禧的妹夫，皇帝是慈禧的亲外甥。这年中秋节前的一天，慈禧让身边太监李三顺去给妹妹送食盒赏件。按清例，太监出宫前要知会警事房通知午门放行，而且要走旁门并接受盘查。但有慈禧庇护的李太监一向横行霸道，不守规矩，要硬闯出宫，午门护军不让，双方便争吵起来。李太监回来后向慈禧诬告护军。慈禧听罢大为光火，立马施压刑部，给照章办事的护军判了刑、定了罪。原本是太监乱纪横行，护军按章执法，但在两宫太后的压力下，多名护军、一名护军统领遭到革职和发配。陈宝琛在案发后，一天内连上两折，大胆指出该案定罪不合理。陈宝琛在奏折中写道，护军的职责就是看护门院、稽查过往之人，况且皇宫有严格的出入规章制度。在整个事件中，护军只是严格按照规定办事。如果因此重责护军，势必造成此后护军凡遇太监出入，只要口称奉旨行事，便一律放行，再不敢详细盘查真假。这样一来，护军就失去了其存在的意义，有护军与无护军一个样，有门禁也就等于无门禁，后果是很严重的。这样的做法不仅危及皇宫的安全，还违反了清朝的祖宗礼法。在祖制中只有对太监犯罪从严而治，断没有因为跟太监争执反而受到重责的。护军维护的不仅是宫禁制度，还是祖训，如果执意要袒护太监就是违反祖训的大

逆行为。陈宝琛写罢此折立马就上呈慈禧。他退朝回家后转念一想，觉得按照慈禧强硬和霸道的性格，不容易改变她的主意，但是也不能让护军受这么重的责罚，又接着上一附片，指出诏书对护军的处分太严重了，如果轻罪重判，恐怕难以向天下后世交代。

两宫太后实际上把持着当时清廷的最高权力，违抗她们的旨意都有可能招来杀身之祸。早在陈宝琛上折前，他的好友张之洞就提醒他，措辞不能过激，只能从严申门禁说起。张之洞看了陈宝琛奏折的内容后觉得他提到了祖训、祖制，担心措辞过峻，连夜派人送信来劝说他要注意言辞。但是陈宝琛还是坚持既然写了，就要起到作用，就要伸张正法、维护祖训，不能让法制成为权贵的儿戏。折子上到恭亲王处，他看完后对陈宝琛的勇气大加赞赏，当着众臣说：你们写的奏折对比陈宝琛的奏折就是笑柄。

陈宝琛连上双折，一方面体现了他的清流勇气，另一方面也体现了其奏折中用词用语的妙处。陈宝琛奏折的实质是批判太监目无章法，破坏门禁和护卫制度，但他巧妙地从门禁制度保障皇室的安全角度下笔，说到门禁不可以轻易因太监的恣意妄为而遭到破坏，否则皇室的安全保障就无从谈起。慈禧看完奏折，在这个无可争辩的事理面前，不得不改变初衷，将与太监争执的护军从轻发落，李太监也得到了应有的惩罚。

另外一件陈宝琛勇批“龙鳞”的事件是上书《请缓定东陵永远奉安折》。光绪七年（1881年）四月八日，东宫太后慈安暴卒宫中。由于事发突然，加上外界对她的死因有各种揣测，她的葬礼安排就成为大家关注的焦点。慈安出殡时间定于同年的九月初

九，而慈禧和皇帝都以身体欠安为由不参加慈安的东陵葬礼。朝中一些大臣，包括宝廷、张之洞等都呼吁皇帝停止躬送山陵。而陈宝琛则认为皇帝不参加慈安的葬礼为封建礼法所不容，主张要暂缓举行葬礼，待皇帝和慈禧身体康复后再做安排。最后朝廷没有采纳陈宝琛的建议，慈安的葬礼如期举行，皇帝没有亲送奉安，慈禧也仅以目送的形式敷衍了事，其他仪式都由大臣亲王代办。

其实，陈宝琛的奏折背后隐藏着一个大智慧。传统封建社会帝王以礼隆仁孝治天下，十分重视养生送死的礼仪。皇室葬礼的合礼操办尤其显得重要，关系到封建传统礼制的维系，同时也关系到国家的政治安定。合乎礼制则朝野称颂，不当则众论喧哗。陈宝琛基于维护传统礼仪的考量，不惜犯颜直谏。同时，因慈安死因未明，不免有人会怀疑是慈禧所为，所以也就有了后来各种野史记载慈禧如何用药毒死慈安的经过。此时，慈禧如果如此仓促地为慈安举办葬礼，难免更会引发后人对慈安死因的各种遐想，将于慈禧的声名不利。陈宝琛应该也有这方面的考量，只是

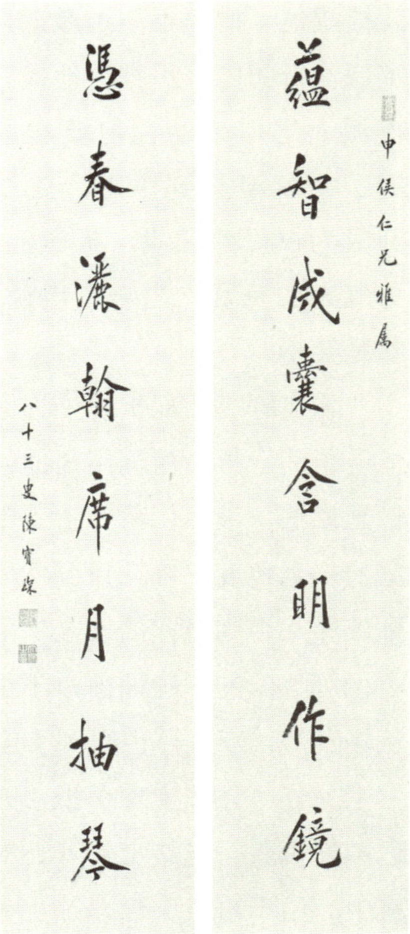

陈宝琛书法

传说龙的喉下有一尺来长的逆鳞，如果有人敢动，就一定会受到伤害。现在也用“批逆鳞”来比喻直言进谏，触怒君主。

他当时不可能在奏折中明说。

陈宝琛敢于批慈禧和皇帝的“逆鳞”，并巧妙进谏，当时朝野都为之倾倒，大家都钦佩他的勇气和才识。他的这股“敢”劲是对事实真相和正义公正的坚持，他的这种“巧”功更体现了一种大智慧。而正是陈宝琛的大义凛然、缜密周到，成就了他青年从政的辉煌。

痛批琦善护英烈

1840年10月，琦善奉旨接替林则徐担任两广总督。随后，琦善下令撤退炮台守军，摆出求和的态势。琦善一上任就先承认错误，宣称林则徐等人在广东查禁鸦片“操持过急”，实属“办理不善”，并向英军保证要治林则徐重罪。琦善原本是想糊弄一下英国人，给他们道个歉，就希望英军退兵。此时义律看到琦善不做任何防御准备，就突然袭击虎门外沙角、大角两处炮台，其余镇远、威远、靖远多处炮台也都受到猛烈攻击。琦善一看傻了，连忙派广东人鲍鹏去穿鼻洋（广州虎门口）向英军求和，并与义律私下约订《穿鼻草约》，割让香港，赔款600万两白银。虽然一直以来，中英双方都未承认这个草约，一边是道光皇帝认为割地赔款大伤清朝上国的尊严，是奇耻大辱；一边是英国认为草约所获得的权益太少。琦善和义律后来也都被各自政府革职问罪。

可是，在1842年，不到两年之后，清政府就与英国签订了中国近代史上第一个不平等条约《南京条约》，可以说琦善是该条约的始作俑者。而当时道光皇帝以琦善擅自割让香港为奇耻大辱，令锁拿解京问罪，“革职锁拿，查抄家产”，发军台。但后来琦善又获赦免，还先后出任驻藏大臣、热河都统、四川总督、陕甘总督等职。

就是这样一个卖国贼，却在他死去27年后，有人上折请旨建立琦善专祠，并得到皇帝的允许。陈宝琛听说后，义愤填膺，想到乡贤林则徐为保家卫国不顾生命危险，最终却为奸人所害，发配充军；而琦善在洋人面前卑躬屈膝，却还能建专祠。这种荒唐举动岂不让后人耻笑？陈宝琛立即呈上《请收回琦善专祠成命片》，痛斥替琦善建祠就是替卖国贼翻案，天理难容。他同时还驳斥了琦善在甘肃有政绩的谎言，指出此人并无善政，甚至有滥用刑罚、滥杀无辜的劣迹。而且陈宝琛还揪出为琦善上折建祠的幕后主使。原来是琦善的儿子、时任乌鲁木齐都统的恭镗指使甘肃布政使杨昌浚写的。最后陈宝琛严正指出：“琦善之罪，则关天下国家之安危。”如果同意给他建专祠供后人瞻仰，那么人们瞻仰的是琦善的卖国与贪生怕死吗？那么天下人将以什么标准来判定是非善恶呢？陈宝琛不仅仅反对给琦善建专祠，而是想宣扬中华民族传统文化对善恶美丑的评判标准，宣扬的是林则徐等爱国志士御辱图强和不畏强敌的精神。

特别值得一提的是陈宝琛作为清末的“清流四谏”之一并非浪得虚名，在他担任言官期间，被他弹劾的有不下几十人，上至军机大臣、尚书、侍郎、封疆大吏，下至胥吏、通判，只要是为官玩忽职守的、贪污受贿的、庸政懒政的，都是陈宝琛眼里所不

能容下的沙子，一定是一参到底。如两江总督刘坤一在广东设防不当，许多炮台建设时出现了“豆腐渣工程”、辖区内的官员作恶多端却姑息不管等情况都被陈宝琛参了一本。许多像刘坤一的官员——如曾国荃、崇礼等用人——用兵不当、玩忽职守都是陈宝琛参奏的重点。陈宝琛对于整肃吏治、抵御外敌侵辱、防治内乱等问题尤其重视，正是他维护国家主权、民族尊严的爱国主义情操的体现。陈宝琛虽不能手刃外敌或者亲自审判贪官，但他以自己的方式替民解忧，宣扬正义与公正，从这一篇篇发人深思、振聋发聩的政论檄文中，足以窥探陈宝琛的品格和情怀。

学习西法护主权

鸦片战争失败后，清政府为了自强，兴起了洋务运动，西方的新鲜事物就开始层出不穷地出现。当然，请来师傅，有实物、有参照，便可以观摩学习这些器物。但是，西方的一些思想和先进的制度对于当时的中国人来说，却不那么容易能明白和接受。陈宝琛在处理一些涉外政务时就碰到不少这样的问题。

中国旧有法律——中华法系也堪称博大完备，但那是建立在自然经济的基础上，目的是为了维护封建专制制度。到了近代社会，自给自足的自然经济逐渐解体，原本的法律体系适应不了现实的需要，重修法律已成为时代的要求。而陈宝琛更是预见到，在外交事务中，待到“旧约再欲重修”时，“斗争词讼之事”必成为一个焦点。以前旧和约的签订，都是因为“中国未明外事”，才被迫接受了治外法权。

当时，洋人纷纷在通商口岸经商、传教。而洋人有洋人的利

益诉求，中国人有中国人固守的传统习俗。很多时候双方都按照各自对社会、法律不同的理解去处理问题，于是经常就会引发矛盾和冲突，近代一些著名的教案都因此而起。虽然当时中国人已经开始注重了解西方社会，如魏源的《海国图志》、姚莹的《康輶纪行》、徐继畬的《瀛寰志略》。1881年，陈宝琛通过分析一些中外纠纷的案件，认为中国当时所奉行的法律十分滞后、不合时宜，特别在处理涉外问题上经常与洋人的法律起冲突。中外不同法，即未能与外国通行的做法接轨，一碰到纠纷案件需要审判定罪，华人用华律，洋人用洋律。洋律偏轻，华律偏重。这样一来，华人吃亏，洋人还不买账。同一宗命案，华人抵命，还要交纳抚恤；而洋人最多罚款了事。有的官吏甚至认为无法可依，或者认为与洋人不好打交道，就纵容洋人逃跑，然后随便找个人顶替，让他来交罚款。更有甚者，洋人看到清朝许多官员贪污成风，而且缺少监管，就买通一些官吏，对判案形成挟制之势。表面上让洋人交罚款，实则纵其逍遥法外。作恶的洋人继续为非作歹，气焰嚣张；老百姓怨声载道，一再激变，许多教案引发的中外冲突就是因为这个原因而起，最终使国家和老百姓蒙受巨大损失。

1881年，陈宝琛呈上《条陈讲求洋务六事折》，请求下旨驻各国使臣，详细翻译各国现行法例。折中指出，朝廷要选派像侍郎薛允升这样“精通刑案”的官员专家，会同总理衙门，参照中西法律各自的精神，然后制定一个国际通行的法律章程，发布于各国，成为大家都必须遵守的法律条文，最后让即使是穷乡僻壤的地方官都有法可依，公允持平办案。陈宝琛认为只要法律公正，政治就可以清明通达，达到国家长治久安的目的。这是一种非常可贵的与国际接轨的近代化思想：用法来维护国家主权，用法来为民做主，用法来实现自强。

另外，陈宝琛还主张通过研究西方的法律条文来为中国与外国签订或者修改条约抢得先机。比如在一些条约快到修订时间的时候，就应该下令中外臣工研究条文依据的法律，而后根据条文议论得失，并形成奏章或者说帖，由长官代奏。军机处收到奏章及说帖之后，经过整理、分析，权衡利害得失，在综合研究的基础上，提出意见，报呈皇帝决策。这种做法能集众人力量解决一个问题，使更多的中国官员对西方和国际通行的法律有了全新的了解，某种程度上也促进了中国去了解世界，学习先进的事物、制度和思想。

改革政治送新风

鸦片战争后，清政府意识到必须学会和洋人打交道。此前，中国一直以天朝上国自居，对于外国则一律以属国看待，认为所有国家到中国都是来朝贡的，统称它们为藩国，意为蛮夷之国。清政府并没有设立专门机构处理外国事务，而是交由礼部和理藩院分工兼办。大致上说，礼部负责从海路而来的东部和南部国家，理藩院掌理由陆路而来的北部和西部国家。对于西方各国的通商活动，清政府限定于广州一口，有关交涉事宜，一律交由两广总督办理。但两广总督还不能与外商有直接接触，所有外商呈递的禀帖只能通过行商转呈两广总督办理，如涉及新问题，两广总督须上奏皇帝，听候裁决。

鸦片战争后，中外关系所要处理的问题不再是朝贡关系，也不是简单的商务关系，而是军事、政治、经济、文化等多方面交织在一起的错综复杂的关系。第二次鸦片战争后，各国公使进驻北京，原有办理中外事务的礼部、理藩院都缺乏专门、专业的机构和人员，使得中外交流出现许多困难，甚至出现了当时政府最高行政机构军机处要直接和外国公使交涉的尴尬局面。因为军机处虽为清廷军政总汇之所，却并不是一个具体的办事机构，根本无力承担具体繁杂的外交事务，同时也让清政府同外国打交道时没有了回旋余地。正是在这样的背景下，清廷于1861年1月20日宣布设立总理各国通商事务衙门（后删去“通商”两字），主管一切中外交涉及通商、关税事宜。派亲王一人总领，并从军机大臣、大学士、尚书、侍郎等大员中派人兼任，并无专官，所以总理衙门的官员也称为总理大臣行走。这样恭亲王奕䜣就一人主政军机处与总理衙门两个清政府最大的权力机构。总理衙门随着中国被迫开放程度的加深，其地位和作用也日益凸显，而其最开始的机构设置和人员选派的弊端也逐渐暴露。而陈宝琛就以其开放的思想和过人的政治观，提出了对总理衙门的改革方案。

陈宝琛提出要给总理衙门一个合法的身份。总理衙门的设立是清政府为应对西方利益诉求而被迫成立的一个临时机构。自其成立之后，一直没有专职人员。而总理衙门的人有着双重身份，比如恭亲王奕䜣就是军机处和总理衙门的负责人。那么，奕䜣在与外国人打交道时，到底是以哪种身份出现？似乎回到了之前由军机处直接处理洋务的老路上了。就此，陈宝琛提出要改革总理衙门，使之从临时性机构改为常设机构。而要实现常设就必须有专职人员，不能再由清政府的中枢大臣们兼任。之前，大臣们都认为总理衙门是一个无关紧要的部门，就经常推荐保举一些能力素质甚至品行较差的人员到总理衙门滥竽充数。陈宝琛呼吁必须改变这样的选人方式，认为应该挑选一些留过洋的学生，因为他们有处理洋务的专业素质，也善于与洋人打交道。同时要注重考核人选的道德修养水平。只有专业和品行均优秀者才能成为总理衙门的专职人员。由此，陈宝琛建议总理衙门改名为“通商院”，地位应该在六部之下，而在理藩院之上。

陈宝琛提出改革总理衙门，其实也是有很大风险的。因为改了总理衙门，其实就是削弱了当时炙手可热的恭亲王奕䜣的权力，有可能引起他的不满。但是陈宝琛思考的是国家的利益，思考的是政府机构的科学有效运转，而并不担心因此而得罪权贵。1901年，改总理衙门为外务部也正是这种思路的体现。

在陈宝琛的所有奏议中，唯独对总理衙门提出过改革方案，可见他对当时国家外交机构及洋务事业的高度重视，也表明他想让中国赶上世界时代潮流、适应国际环境和外交需要的良好愿望，这是他开放思想的重要体现。

同时陈宝琛对问题的审视可以说是透过细枝末节直接抓住重点。总理衙门的运转和行政水平确实直接关系到清政府能否在与外国人打交道的过程中不落下风，同时也关系到国家的核心利益。陈宝琛总能有的放矢地指出问题的要害。

开源节流兴经济

陈宝琛所处的时代内忧外患严重，清政府面对西方列强的侵略、太平天国运动，还有战争失败带来的大量赔款等多方压力，使得清政府的财政极度困难。陈宝琛也为此感到担忧，他经过深

思熟虑之后，在经济方面提出了开源节流的具体主张。

陈宝琛认为增加财政收入要从源头上着手，而不能采取鱼肉百姓、勒索人民的手段。竭泽而渔的方式只会让人民不堪重负，让国家更加积贫积弱。那么出路在哪里呢？陈宝琛提出了两个方案：一是改革税收体制，二是鼓励兴办近代工业。

在改革税收制度方面，陈宝琛比较了国内和国外的税收比例。在西方，几乎所有商品的销售都必须征税，而税率大概为20%到40%左右不等，最多的有达到100%的，最少的也有免税的。其中像酒这类商品，西方国家征收的税率是非常高的。而外国商品在中国销售时却只须缴纳数额极低的税。这显然违背了商品销售的通例，有失公平。

据此，陈宝琛提出要与西方各国重新商定条约，外国货物进入中国必须缴纳20%的税费。同时政府还要让利于百姓，只要是国内生产的商品即应免交税收。陈宝琛特别提到了鸦片这一特殊的商品，他认为在禁烟无门的情况下，可以通过大幅提高鸦片销售的税率来提高抽鸦片的成本，从而既可遏制鸦片贸易，又可为国家财政开源。

当然，西方列强靠坚船利炮签下来的条约都是用国家的实力说话的，倾销至中国的外国商品的海关税率已经牢牢地被西方控制，并没有那么容易修改。但是，陈宝琛陈述的国外税率的事实，对于中国提出修改合约中关于税率的规定当然是很有利的证据。只是，最关键的问题在于，与外国人谈判的中方代表懂不懂得运用这一数据，想与外国人拍桌子的清政府有没有这个实力与西方列强抗衡。

熟知洋务之道的陈宝琛进而主张将征收洋货税的钱款用于兴

办近代工业，从而为国家创造持续稳定的税收。他列举了当时一些近代工业开办的成本，像当时有名的上海织布机器局只要有20万两白银就够了。同时还可以通过招商集股或由官倡办，让民间资本进入近代工业，从而出现更多的工厂、矿厂等。而政府接下来就可以长期对这些工厂、矿厂征税，从而增加国家的财政收入。陈宝琛所描述的其实就是较为典型的资本主义生产方式，可见他当时已经接受并十分欢迎这种方式，足见其思想的开放程度。

另外一个体现陈宝琛思想开放的例子则是他倡导修建铁路。铁路是近代工业的产物之一，对于当时的许多中国人来说还犹如洪水猛兽般恐怖。1868年开始出访欧美的中国近代第一个外交使团成员志刚在访问英法时，曾讲述清政府不能批准修铁路的苦衷：修铁路便要开山挖路，一不小心就会动到中国人的坟墓。中国人视祖坟犹如祖先本身，而且这块坟地还肩负着荫庇子孙的功能，担心会破坏祖上风水，是坚决不能同意的。即便是到了近十年后的1876年，英国人在上海修了一条14千米长的淞沪铁路，结果仍引起了朝野恐慌，清政府用20多万两白银买回这条铁路后拆毁丢弃。

1880年，陈宝琛为刘铭传草拟《筹造铁路以图自强折》，具体阐述了修铁路的重要性。刘铭传是李鸿章的手下，也是清末洋务派成员之一。他原是安徽乡间的恶少，不学无术，大字不识几个，后跟着李鸿章打太平军成为名将。他与陈宝琛私交甚好，经常到陈宝琛家中拜访。一天，刘铭传夜探陈宝琛，两人交谈甚欢。刘铭传兴致一高，就大谈起中国要自强，必须自己建造铁路的想法。陈宝琛听完也表示十分认同。于是，两人就商议要把这个建议写成奏折上报皇帝和慈禧。陈宝琛当即磨墨展纸，提起笔，一气呵成。在一旁的刘铭传阅毕后拍案叫好。第二天，刘铭传就将折子递了上去。

没想到折子上达之后，却引起了轩然大波，谤声大起。由于顽固派的极力反对，陈宝琛、刘铭传关于修铁路的奏折就被打压下来，暂无后文。但是，这个折子在清廷内部引起的大讨论却为1880年代末清廷终于“毅然兴办”铁路做好了思想舆论准备。

陈宝琛赞同并提倡修建铁路，是充分认识到了铁路修建可以解决原料、商品等的流通问题，促进近代工业的发展，从而增加清政府的财政收入。

另外值得一提的是，陈宝琛的清流作风也体现在他的节流建议上，又在“万岁”头上动土了。当时，清廷在财政十分困难的情况下竟挪用了筹办海军的经费，修建中南北海这“三海工程”。陈宝琛上书要求停止修建“三海工程”，他认为这些只是供皇族们玩乐的场所，是一种极度的浪费。然而，他的意见并没有被接受。

兴学荐贤弘师道

陈宝琛奉职翰林院，除了经常写奏折参与议政之外，还有一个重要的任务就是担当科举考试中乡试、殿试的考官，并负责一些地方的教育管理。1873年，20多岁的陈宝琛就充顺天府乡试同考官。1874年，充殿试收掌官。1875年，充顺天府乡试同考官。1879年，充甘肃乡试正考官。1882年，充江西乡试正考官，并授江西学政……陈宝琛自己就是通过科举选拔出来的官员，自然对

捐纳的原义是捐资纳粟从而得到爵位。这一制度发源于秦朝，从清朝中叶时开始逐渐达到鼎盛。

清末科举制度的利弊有切身体会。

清朝的选人用人主要也就是通过科举的“正道”，由皇帝或其代理衙门（一般是吏部）委派，从考试合格的考生中选拔委任。这种科举考试的弊端在清末愈加暴露，但清廷依然因循守旧。其时，清廷把“捐纳”制推到了极致。

捐纳做官的官员比例在清朝是很高的，甚至有时候达到60%，当然这些官员主要是中下级官员。在乾隆朝，捐纳都已经明码标价了，什么样级别的官员卖什么样的价格。卖官对于国家、百姓来说只有百害而无一利，由此酿成了清末官场腐败，产生了许多尸位素餐、贪污腐化的官员。

陈宝琛对清末官场的观察入木三分，多次上奏折谈及整饬官场、弹劾贪官，有时甚至不惜一日数折，进言献策，力图改变清末乌烟瘴气又死气沉沉的官场风气。更难能可贵的是，他努力用自己的行动实践他改变官风的愿望，并提出了进行用人制度改革的具体办法。

1882年12月至1884年4月，陈宝琛在江西充乡试考官，并任学政。当时，江西考风不正，替考、舞弊泛滥，官府督查严重缺失，滥增名额，引发民众不满，出现了多起民众冲击考场的事件。陈宝琛在到江西之前就对这些情况有所耳闻，于是一到江西就明察暗访，了解实情，对症下药，果断处理。他首先整治考风，恢复考试的公平公正；对于聚众闹事者则坚持按律严惩。

其次，陈宝琛再抓学风。他发现当时江西对学校的管理有很多问题，许多书院的管理人员居然由一些作风不正、品行不端的人担任。大部分书院居然没有正式的院长，而仅请当地乡绅轮值。这样的学校能有好的学风和考风吗？为了改变这种局面，陈宝琛亲自下到书院去督办，很快就改变了江西的学风。再次，陈宝琛还能不拘一格降人才。江西当时有个考生叫陈三立，他对八股考试这种固定的格式似乎有意见，考试的时候居然不按规定的八股答题，而是以其擅长的散文形式答卷。其他考官遇到这样的卷子，肯定判为不合格，但是陈宝琛在亲自复检落第卷子的时候，发现陈三立的文章虽然格式不对，但是内容却十分精彩，引得陈宝琛击节称赞，立即选拔。而陈三立也不负陈宝琛的伯乐慧眼，后来在政坛、文坛上都有一番作为。二人自此结下了不解的师生之缘。陈宝琛最后的墓志铭正是出自陈三立之手。

1881年前后，日本政府派遣了几百人来到京城内外。这些人散布于各行各业，主要通过广泛交游，秘密考察我国政治风俗。他们回国后都被安排了重要职务。陈宝琛认为日本的这一做法值得借鉴和学习。他认为可以从进士中挑选年少力强、品行兼优的人才，把他们送到西方强国去游学。游学时间不能太短，至少3年，主要任务是考察各国的山川、政教、士俗、民情，然后回国后根据亲闻历见写成考察文章或著作送呈皇帝进行考核。由皇帝亲自把关，他们自然不敢怠慢，必然认真对待。有了国外见识之后，这些人都可以作为国家的栋梁之才进行培养。但还是要让他们从基层做起，踏踏实实地积累经验，酌其政绩而擢升。陈宝琛认为十年树木，百年树人，对人才的培养不能操之过急，而应该遵循基本规律。

陈宝琛这一个借鉴日本做法的建议。在当时是一种创见。首先，它突破了唯八股取士的选人用人观。认为仅靠科举取士并不能选拔出优秀的人才，还必须把人送出去学习。这或许与陈宝琛少年时代的游学经历对其成长的帮助有关。其次，它破除了当时清人“天朝上国”的迷梦。天下之大，唯我独尊的思想成为阻碍当时中国向西方学习的思想障碍，而陈宝琛却主动提出要去学习别人的长处，实属难能可贵。最后，陈宝琛这种选人用人的思想，最终是为了服务洋务运动。他强调要有改变和学习的精神，让所有的中国人都能对世界的情况有所了解，以便为洋务运动提供舆论和人才基础。

第四章

遭遇挫折　退而不闲

中法战争失败后，朝廷借机打压陈宝琛。正好他回乡丁忧，他没有因为仕途失意而消沉，退而不闲，积极发展教育事业，还兴办实业，主持修建了福建的第一条铁路。

中法战争中任钦差

19世纪以前法国天主教势力已侵入越南。第二次鸦片战争期间，法国开始武力侵占越南南部，使越南南部六省沦为法国殖民地。接着就由西贡出发探测沿湄公河通往中国的航路，在发现湄公河的上游澜沧江不适于航行后，即转向越南北部，企图利用红河作为入侵中国云南的通道。1873年11月，法国派安邺率军百余人侵占河内及其附近各地。越南国王阮福时请求当时驻扎在中越边境保胜地方（今老街）的中国人刘永福率领的黑旗军协助抵抗法军侵略。同年12月，黑旗军在河内城郊大败法军，击毙安邺，法军被迫退回越南南部。1874年3月15日，越南在法国侵略者的压迫和讹诈下，在西贡签订了《越法和平同盟条约》，即第二次《西贡条约》，越南向法国开放红河，并给予法国在越南北部通商等多种权益。1875年5月25日，法国照会清政府，通告该条约内容，意在争取清政府的承认，从而排除在历史上形成已久的中国在越南的影响。6月15日清政府复照，对该条约不予承认。1881年7月，由法国总理茹费理主导的法国议会同意提供240万法郎的军费用于越南开支。1882年3月，法国政府命交趾支那海军司令李维业指挥侵略军第二次侵犯越南北部。4月，侵占河内城砦，进而派兵船溯红河进行侦察，直到河内西北的山西附近。次年3月，法军又攻占产煤基地鸿基和军事要地南定。越南朝廷一再请求清政府速派军支援。鉴于形势变化，清政府命令滇桂两省当局督饬边外防军扼要进扎，但强调“衅端不可自我而开”。1881年5月19日，刘永福率黑旗军在怀德府纸桥进行决战，李维业及副司令卢眉以下30余名军官、200余名士兵被击毙。法军被迫退回河内。法国利用李维业之死，随即宣布要“为她的光荣的孩子复仇”，拨给东京法军350万法郎，竭力发动全面的侵越战争，除增援陆军外，还成立北越舰队，调兵遣将，积极部署。8月间，法军一面在越南北部加紧攻击黑旗军，一面以军舰进攻越南中部，直逼越南都城顺化。1881年8月25日，法国迫使越南签订《顺化条约》，取得了对越南的“保护权”。法国侵略者为实现对越南的殖民统治，及早达到据越南而侵入中国西南的目的，开始以全力来对付中国。法国在条约签订后，立即禁绝了越南与中国的一切关系，并强迫越南撤退包括黑旗军在内的抗法军。于是形成了与中国直接对峙的形势。

法国首先想用外交方式达到其目的。1882年9月15日，法国政府向中国提出一个解决越南问题的方案，即以划出一个狭小的中立区的办法使中国撤出驻越军队，承认法国对整个越南的殖民统治，并向法国开放云南的蛮耗为商埠，为法国打开云南门户。该方案被清政府拒绝，谈判毫无结果。这时，鉴于中越两国的特殊关系和法国侵越给中国造成的严重威胁，清朝统治集团内部以左宗棠、曾纪泽、张之洞为代表的主战派，力促朝廷采取抗法方针，但掌握清政府外交、军事实权的李鸿章却一意主和。清朝最高决策机构举棋不定，在军事上，一面派军队出关援助越南，一面又再三训令清军不得主动向法军出击；在外交上，一面抗议法国侵略越南，一面又企图通过谈判或第三国的调停达成妥协。这种自相矛盾的举措，大大便利了法国的侵略部署。1882年10月25日，法国东京海域分舰队司令孤拔受命为北越法军统帅。12月初，他决定向红河三角洲中国军队防地发动攻击。

1883年3月，法国侵略者又侵入南定。5月，分兵两路进攻北宁、山西、顺化，中国边疆告急。这时正在江西典试的陈宝琛已

补授内阁学士兼礼部侍郎衔。他认为越南的危机已深，中国应加强边防，迎敌抗法，又上书奏请要把握战机。他说，刘永福援越抗法，孤军深入，如果越南沦陷，则法国军队就可以直接面对中国边防，打入中国，请旨增兵越南帮助赶出法军。并说越南如果没有沦陷，主动权都在我们这边，但是一旦越南落入法国手中，我们就丧失了开战或者言和的主动权，再次主张无论如何都应出兵抗法。

1884年1月，法国侵略者攻陷越南山西，进窥北宁，陈宝琛认为清政府由于和战不定所采取的“旋战旋和”策略是招祸之源。他再次上书主战，指出如果不主动出战就想守住越南边疆，那是不可能的；而不想应战就想和法国讲和，这样换来的和平也不会长久。他建议以云南之兵复山西，以广西之兵谋河内，以广东之兵扰海阳，使法国侵略者“兵分力单，顾此失彼”，反对忽战忽和，反对请求英美出面“调停”。原来，慈禧外受法国的逼迫，内受抗法舆论的压力，虽一度增兵边防，表面上似有抗法决心，但内心里又怕战争危及清王朝的统治，所以大力支持李鸿章的求和主张，授意他设法与法国进行谈判，并请求英美政府出面“调停”。陈宝琛力谏敌人不过是纸老虎，洋人是不可靠的，主张全力投入抗法战争。最后，他表示如果有用他之处，他绝不会推辞，抗战杀敌，义不容辞，表达自己以身报国的爱国决心。4月，慈禧以“委蛇保荣，办事不力”为名罢黜军机大臣恭亲王奕䜣，另以倾向主战的醇亲王奕譞代之。5月，陈宝琛被派为钦差会办南洋大臣，并被授予“专折奏事”之权。

陈宝琛奉命前往抗法前线，由江西起程，行抵南康之时，一日之间接到三道谕旨，要他北上天津，会同李鸿章商议中法和议细目。原来，他受命会办南洋事宜是在和局未定之前。当时李鸿章与法国水师总兵福禄诺拟订和约五款（即《天津专约》），陈宝琛在江西见报即上书一一加以驳斥，认为这五款不仅是将失去的地盘彻底放弃，而且还将没有沦陷的地盘再拱手送出，如此和议不但贻笑大方，而且会让法国觉得我国好欺负，也许今后会再次犯我边疆，提更多要求。同时，他要求清政府勿因和局之成而遮罢边备，沿海各省宜应加意严防。陈宝琛的这些意见不无远见。后来法军果然又以巡边为名，在谅山地区直扑清军防营，战事又起，在总税务司赫德的调停下，法国允诺重议条约，正好清廷见到陈宝琛这个奏折，就派他同李鸿章详细商议。陈宝琛赶抵上海，正拟附轮北上，这天晚上接到家书，他的祖父病故，按例报请在上海行馆守孝21天。但此时法国公使巴德诺仍逗留上海，不肯赴津重议和约，清廷根据赫德建议，改派署两江总督曾国荃为全权大臣，在上海与法使议约，并派陈宝琛为和谈会办。作为主战派的陈宝琛一再推辞，但清廷都不同意。君命不可违，陈宝琛只能受命前往。和谈中，由于清廷对和战举棋不定，陈宝琛在和谈中既不敢决裂，也不敢迁就。但他认为拖延不是办法，会使“和战两误”，曾密电要求清政府要战要和应迅速做出决断，不能迟疑不决。就在准备和谈不久后，孤拔便率法国舰队占据台北、基隆，但清政府仍幻想依赖各国公评。陈宝琛认为“公评”未必能止兵，对此不战不和的局面深感焦急。他请旨乞下军机处等统筹全局，当机立断。后交六部九卿王公大臣商议，有的主张“力保和局”，有的认为“唯有坚持战计”，无能的清政府没有吸取历史教训，敌人已经进攻，是和是战还在争论不休。直至8月17日，见到巴德诺照会无礼，才下旨结束和谈，与法军决一死战，并令曾国荃、陈宝琛马上回江宁布兵防守。陈宝琛22日抵达江宁，23日，法军聚泊在马江的舰队便突然向清军发动袭击，福建水师官兵因清廷一心求和，失去先发制人的战机，处于被动挨打的境地，结果仅仅过了40分钟，苦心经营十几年的福建水师就全军覆没了，11艘军舰和860多名官兵灰飞烟灭，尸体、木块、折梃、断桅和帆船碎片“累累蔽江而下”，而法国人仍派出小轮船，用机关枪将在水中“乍浮乍沉有如凫鸭”的中国官兵射杀，马江殷红一片。那一天是1884年8月23日。

马江海战后，陈宝琛还致电北洋水师要求支援福建水师，但是李鸿章控制的北洋水师自然未派出一兵一卒。陈宝琛只能哀叹：面对外敌入侵，国人始终无法同心。马江海战就发生在福州的家门口，那么多闽籍子弟沉冤闽江，可他只是一介书生，使不了刀枪，带不了兵。他决定上奏请求自己募勇教练，奏折的言辞仍然是他一贯的风格：简洁、直接、不闪烁其词，甚至他把自己的乌纱帽和性命也押上了：如果“成效毫无，将臣从重治罪”。可是，这一次他却没有获得以往“即蒙饬令迅办”的待遇了，奏折被朝廷驳回。

官场浮沉遭“清算”

1884年，陈宝琛受朝廷委派，任钦差会办南洋大臣，并授“专折奏事”之权，可以直接向皇帝递送奏折。而这个任命也成为他官场和人生的转折点。

陈宝琛原为一名专职谏官，奉职于翰林院，时任翰林院右春坊右庶子、日讲起居注官。虽然他的官阶较高，但并无实权，主要靠自己的笔头，评论时政，弹劾权臣，指斥弊政，成为一名皇帝和太后所“倚重”的重臣。而此时突然将陈宝琛委派为钦差，任南洋大臣，虽予实权，实则降级。况且，陈宝琛文人出身，长期待在朝廷，一下子到地方任职，难免会出现水土不服的现象。

而这个任命的缘由还得从清流派说起。他们每遇应言之事，一拍即合，互相呼应，纠弹声讨，争斗搏击，在当时的朝廷中颇引人注目，在社会上也很有影响，形成一股政治力量。而它的产生和发展与一个人有密切的关系，这个人就是慈禧太后。慈禧当时为了掌权，联合恭亲王奕䜣发动了宫廷政变，达到了垂帘听政的目的。但在很长一段时间内，奕䜣权柄在握，威望日升，成为掣肘慈禧权力的政治力量。慈禧为了削弱他的势力，就借助清流派形成的舆论力量来牵制奕䜣。所以清流派虽然有时候也搞得慈禧很生气，甚至下不来台，但是慈禧还是认可了它的存在。可以说清流派成为清末官场的一股清正之风。但是随着慈禧权力的巩固，奕䜣的权力逐渐旁落，慈禧以中法战争中国的失败为由，发动了“甲申易枢”事件，将奕䜣赶出军机处，让他回家养老。这个事件也牵扯到了许多清流派成员，因为他们多是主战派，那么战争失利了，这些主战派就成为背黑锅的对象。其中清流派的领军人物李鸿藻被除去职位，官降两级。其他清流成员也受到不同程度的影响，宝廷早已因国是日非，早早就辞官回家；张之洞已经被慈禧外放多年……“甲申易枢”事件是清流派解体的一个信号，表明慈禧开始要清算清流派成员。陈宝琛作为清流健将之一，自然在劫难逃。

1884年5月，陈宝琛奉旨远赴江南。这时又来了条圣谕催促他尽快上任，并承担起南方的防务工作，特别是海防之事，同时还要他与曾国荃好好配合，万一两人间真有矛盾不和，均可上报朝廷。曾国荃是曾国藩的弟弟，时任两江总督，是湘军首领之一，善于作战，在攻打太平军时立了不少功劳。他居功自傲，经常不把朝廷放在眼里，打自己的一些小算盘。朝廷也是派陈宝

琛这位刚正不阿的谏官来监督他。其实，陈宝琛之前就曾参过曾国荃，已经与曾国荃结下梁子。这下又派陈宝琛来监督曾国荃，曾国荃能不防范，能不与这位朝廷来的钦差大臣为难吗？文人出身的陈宝琛在政治上哪里是曾国荃的对手？所以，陈宝琛虽为南洋钦差大臣，貌似什么事情都能管，但实际上什么事都做不了主。但陈宝琛还是尽职地履行了谏官的职责，曾国荃的干将陈堤就被陈宝琛重重地参了一本，其中就涉及江南防务存在的危机等问题。

1885年，清军在冯子材的率领下在谅山大败法军，取得了战场上的胜利。但是，软弱的清政府又一次将胜利果实拱手相让，中法旋即讲和，中国不败而败。战事结束后，慈禧终于可以腾出手来彻底清算清流派了。陈宝琛和张佩纶曾经力举唐炯、徐延旭堪任军事，但唐、徐却在越南前线相继溃败。张佩纶与陈宝琛在青少年时代的经历有许多共同之处，即都出身于官宦之家，受到正统儒家思想的熏陶和严格的封建道德教育；都曾系统、完整地接受了与举业有关的严格训练；在人生志向、思想理念上也有许多共同点；在科举考试方面，两人都是那个时代科场上的幸运儿，虽然张佩纶晚陈宝琛数年中进士，且日后一直尊称陈宝琛为“前辈”，其实两人属同辈，他们远比一般读书人更早地完成科举考试的全过程，在年纪尚轻的时候便中了进士，从而顺利地踏上仕途。两人同在京城为官，因为志同道合而成了好友。陈宝琛在京城任官时，住北京的丞相胡同西面，而张佩纶住在北半截胡同。他们志趣相投，理念接近，平时交往频繁，遇事互通声气，互施援手，闲暇时则一起聚会消遣，彼此间私谊很好。陈宝琛与张佩纶、张之洞经常一起合作撰写奏折，纠弹昏庸贪鄙的官员，提出应对内政外交大事的策略。陈宝琛在后来赠张佩纶的诗中称这段交往是“十载街西形影随”，关系之亲密可见一斑。但此时清流派遭到清算，这两位好友都同时受难了。陈宝琛因“荐人失察”之过，受降五级调用处分；张佩纶即行革职，而后还被发配充军。祸不单行，陈宝琛的母亲于1884年阴历八月去世，此时陈宝琛适逢在家中为母亲丁忧，于是便提请返闽居家守制。如此一去便是20年，直到溥仪登基后，才应召入京，被重新起用。

赋闲全家总动员

1885年，正值壮年的陈宝琛离开了纷纷扰扰的官场，回到了他熟悉的故土。或许，陈宝琛早已受够了清末腐败的官场，想要远离那个尔虞我诈、你争我斗的名利场，所以他在被连降五级后，不是想着东山再起，他想的是回家。

家乡那片热土可以抚平在外漂泊的旅人疲惫的心，儿时的回忆可以帮助找回曾经失去的快乐和幸福。迎接陈宝琛回家的不是冷眼和嘲笑，而是家乡人民对这个时代偶像的欢迎和掌声。于是，陈宝琛很快就调整了心态，开始了赋闲实不闲的生活。在长期赋闲的日子里，陈宝琛潜心于经、史、子、集以及诗词、书法研究，和不断来访的文人墨客、官场旧友们酬酢往返，与“彩云”“清溪”同在，生活好不逍遥自在。

壮年陈宝琛

义学是一种免费学校，主要作用是帮助寒门子弟实现读书的梦想。

陈宝琛回到乡里首先做起了老本行——兴学重教。他受父亲委托，效法范仲淹办义学供乡里小孩读书。范仲淹是北宋文豪，有“先天下之忧而忧，后天下之乐而乐”的传世名言。他在仕途上也曾受贬，但他以“居庙堂之高则忧其民，处江湖之远则忧其君”的胸怀来应对逆境。陈父正是想以范仲淹的例子来勉励陈宝琛。

陈宝琛首先为祠堂倡置“学堂田”。他筹集了一部分公田，并规定该公田所有的产出、出租所得的租金全部用来创办义学。1898年，陈宝琛还把乡里的陈氏书院改建为“螺洲两等小学”，让更多孩子能有学可上。

陈宝琛还动员夫人王眉寿一起投身教育。王眉寿很快就在她娘家王仁堪状元府邸的后花厅创办了“绥和女子家政学校”。

王眉寿

这所学校开设了文化、音乐、舞蹈、纺织等课程。那个时代提倡女子无才便是德，很多女子都是足不出户，并以缠足为美。可是，王眉寿早已经接受了男女平等的思想。福州作为最早开放的港口城市之一，人们接受新鲜事物的能力和程度较高。陈宝琛在京城为官时就力主办洋务，力主改革传统教育；王眉寿作为陈宝琛的妻子，耳濡目染，也对西方先进思想有所了解，后来她还帮助陈宝琛成立螺洲两等小学，不久又把绥和女子家政学校并入小学，并自己捐资扩建校舍。陈宝琛也对王眉寿的做法赞赏有加，并把这个学校监督的重任交给了她。

这个学校其实已经带有新式教育的元素，它实行男女同校，这是女子教育突破传统封建思想禁锢的重大一步。尽管1903年清廷已经推行新政，但对女子教育还很忌讳，专门下诏禁止女子入学。王眉寿将女子教育并入校制，就使得女子能接受更系统的文化知识教育，实现了正规化管理。可以说，王眉寿也开了福州新式教育的先河。

王眉寿在办学过程中还十分关爱学生，尽力帮助他们完成学业。当时，陈宝琛对门邻居有个小女孩叫林淑柏，不幸3岁丧父，生计艰难，只好随母亲回到舅舅陈萱春家营生过活。那时，林淑柏聪慧可爱，伶俐乖巧，邻里间时常进出，很讨王眉寿喜欢。正值王眉寿开办女子学校，又不忍心让小淑柏依循传统的人生轨迹、在脂粉阵中沦为平庸，便亲自上门动员陈萱春送小淑柏入学。在王眉寿的劝说下，陈萱春答应了。于是，林淑柏松开刚刚缠上的长长裹脚布，把腐朽与陈旧统统抛开，进入女子学校。小淑柏很珍惜来之不易的机会，发奋苦读，她的成绩总是名列前茅，多次得到了王眉寿亲自颁发的银质奖章。光阴易逝，转眼间，林淑柏小学毕业。而陈萱春家里人口众多，也需要她出来赚钱，帮助养家糊口。林淑柏便面临失学的困境。王眉寿看到她心事重重，在了解情况后，不忍心看一个好苗子就此被扼杀，更何况，王眉寿对小淑柏倾注了那么多年的心血，看着她一步步成长。于是，王眉寿又一次来到陈萱春家动员，提出如果陈萱春同意林淑柏读书，她能为林淑柏提供公费学习待遇。最终，陈萱春在劝说下，再次下定决心继续送林淑柏读书。王眉寿就这样不离不弃地造就了福建省第一代女教师。而林淑柏不负师恩，知恩图报，终生服务于自己的母校，教书育人。

1907年，王眉寿又在陈宝琛的支持下创办了另一所新式女子学堂——女子职业学校，招收学生对刺绣、造花、编物和图画进行研究和实践。该校培养出许多专业艺人，而且工艺水平达到了世界顶级的程度。曾明，字懿文，是清末“五子登科”家族显赫的曾家曾宗彦的长孙女。在王眉寿大力兴办女学的时候，曾明倍受感召，在母亲螺洲陈氏的支持下，考进这所学校的刺绣班学习刺绣。她学艺认真，既勤奋又善于总结，心灵手巧，很受老师们的喜爱，成了该学堂的第一届毕业生。该毕业班一共30人，她们举办展览，获得好评，曾明更是引人瞩目，留校为助教。1915年，她的刺绣作品《马》漂洋过海在美国旧金山世博会展出，获得金牌。《马》的绣法是曾明独创的，叫“仿真彩绒绣法”。她用比头发丝还细的数种彩色丝线，一针多线往返穿梭于画面上，让刺绣上的骏马栩栩如生、色彩斑斓、绒光闪烁，从不同的角度看过去，有不同的视觉效果。曾明也因此获得“全闽第一绣手”的荣誉，现在这幅作品被收藏在北京故宫，成为国家级文物。1909年，女子职业学校和传习所合并为女子师范学堂，校址就在福州城内花巷，主要培养新式的女教

陈宝琛全家福

师。著名的女作家冰心就是从这所师范学堂走出，走进千千万万孩子的心灵。

王眉寿不仅帮助陈宝琛开创了福建的新式教育，而且还用心教育陈家子孙。可以说，陈宝琛的后人在那个风雨飘摇的年代还都能潜心读书、在各个领域都有所作为，离不开王眉寿对家庭、对子女的默默付出。

陈宝琛除了兴办义学之外，还慷慨解囊为家乡义捐。他变卖了祖上遗田38亩，并将所得以曾祖父陈若霖的名义捐给陈氏宗祠作为义葬基金，购买公墓山为无力葬亲的穷人提供丧葬资助，并请族间父老和在乡子侄共同组成董事会，作为管理义葬的常设机构。

陈宝琛返乡期间还修建了保存至今的陈氏五楼。陈氏五楼为中西合璧的建筑，集南方私家园林意趣和北方庭院风格于一体，整组建筑是福州著名的古典园林建筑和最大的私人藏书楼。这里曾收藏过大量的清代御赐图书和民间善本、金石碑刻和书画墨宝。

陈氏五楼均为土木石结构，两层楼房，始建于清光绪年间，先建赐书楼，再建还读楼、沧趣楼，后建北望楼，最后建晞楼。至民国初年竣工，总占地面积 6.17亩。

陈宝琛故居

赐书楼的原址在螺洲店前村天后宫旁，是陈若霖藏放皇帝赐书的地方，书法家翁方纲曾为其题写匾额。因年久楼塌，陈

陈氏五楼内的庭院

宝琛将其改建于后门埕，匾随楼移。溥仪送给陈宝琛的书也收藏于此。1884 年陈宝琛被罢官回乡后，就居住在楼下。赐书楼为两层木构，单檐硬山顶，原有藏书多达15100 多册，古色古香，规模宏大。楼前有一幢面阔三间的平房，据传陈宝琛就出生在这里。

陈宝琛遗作有“余年未四十作沧趣、听水二斋以娱亲”之句。其中的沧趣楼坐北朝南，木构双层，面阔五间，进深四间，四处雕栏玉砌。楼前有假山、鱼池、亭榭、石栏、回廊、石阶，广植花木。此楼以藏书为主，也藏有许多金石古玩文物。陈宝琛家居时，常在楼上阅读书籍，把玩金石。如今在庭院中重达数吨的铁石假山上还保留有一块“铁石”篆书题刻。

庭院中的石刻

沧趣楼所藏图书除当时皇室图书外，还有不少来自民间的版本及各种珍本、善本。尤为难得的是，陈宝琛还把部分珍品影印刊行于世，此楼也随着影印图书的广泛流传而闻名遐迩。陈宝琛晚年不但以此楼名作为自己的雅号——沧趣楼主，甚至自己的诗集也以“沧趣” 命名（《沧趣楼诗集》），可见他对此楼的钟爱程度。他将私人藏书藏于密室，爱如珍宝。与现在的图书馆不同，沧趣楼重珍藏而不重阅览， 皇室秘藏书、民间秘本藏书、藏书家藏书、名人私家经典藏书、流失海外藏书尽收其中，而且所收多为绝世孤本、私家秘本，有些还是因为历史原因以前不易得到的禁书，以及珍稀手抄本、精美罕见的绣像本、石印本和流失海外已久的古代孤本等。陈宝琛后代将此楼藏书共1万多册全部捐赠给乌山图书馆（私立福建学院图书馆，今福建师大图书馆）。

陈宝琛的藏书

晞楼和还读楼之间的露台

还读楼在赐书楼的后侧，与晞楼相邻，取陶渊明“时还读我书”之句，也是陈宝琛藏书之处。木构双层，面阔四间，进深五间，单檐悬山顶，楼边有株高10米的玉兰树。此楼也收藏有大量的民间善本、珍本，风韵古雅，环境幽静。

晞楼位于还读楼与北望楼之间，坐西向东，以迎朝晖。木构双层，面阔五间，进深两间，单檐歇山顶。在晞楼和还读楼之间有座露台，这里是陈宝琛纳凉赏月、迎风听雨的地方。

北望楼在沧趣楼前左侧，清朝灭亡之后建成，取名北望楼，表达了陈宝琛清朝遗老的政治立场。楼内悬挂溥仪肖像，陈列祭器等物。此楼为木构双层， 单檐硬顶，分前后楼，中隔小天井。前楼面阔三间，进深两间；后楼面阔五间，进深一间。此楼建筑精美，由于其精巧华丽，人称“小姐楼”。

陈氏五楼于1983年被定为市级文物保护单位。

新式教育开先河

陈宝琛在福州闲居的日子里，有一件事是他一直放不下的——办学校。陈宝琛为了推动家乡教育事业的发展，都是亲自挂帅。从学校筹办时资金的来源、章程的制定，到学校创办后学校的管理、课程的设置，甚至到大力推动整个福建教育事业的发展，陈宝琛可以说是兢兢业业，倾注了大量的心血。一所所学校的出现、一条条章程的制定、一门门课程的设置，都反映出陈宝琛对教育独到的理解和解读。这些都是陈宝琛近代化思想的具体实践，开启了福建教育事业的新篇章。

1901年，清政府被迫签订《辛丑条约》后，朝廷内外改革的呼声越来越高，以慈禧为首的清政府开始痛定思痛，提倡改革，发布新政，其中一项重要内容就是实行教育改革。诏令各省城设立大学堂；各府厅、直隶州设中学堂；各州县设小学堂。从1902年起，福州各种官立和私立的学堂纷纷兴办。1904年，清政府颁布了第一部关于学制规定的法规——《癸卯学制》，特别规定了各级各类学堂的性质、任务、入学条件、修业年限及相互衔接和关系，该学制包括《初等小学堂章程》《高等小学堂章程》《中学堂章程》《高等学堂章程》《大学堂章程》。赋闲在家的陈宝琛等人按《学制》的要求，经过前期的认真筹备，率先创办全闽师范学堂，1906年，全闽师范学堂更名为福建师范学堂。1907年正月，增设优级师范选科，学校改名为福建优级师范学堂。“优级”的含义为“高级”，主要培养中学堂师资。学生入学后首年主要学习公共课程，次年开始学习3年本专业，公共课程计入本专业，总为4年，即所谓本科4年。这已经是现代学科培养的模

式，该学校一直保留发展到现在，是今天福建师范大学主要前身之一。陈宝琛也就成了福建师范大学这所百年老校的校主。

陈宝琛铜像（位于福建师范大学宝琛广场）

陈宝琛认为学校除了要教授专业知识外，还要培养独立的人格、爱国的情操、高尚的品格。他为全闽师范学堂撰写的《开学告诫文》就谆谆教导学生：国民的智力高低直接决定了国家的兴盛衰亡。而学堂的目的是要培养合格的人才，最重要的是要让学生懂得义理，学会如何爱国，塑造自立的人格。陈宝琛对师范生提出了更高的要求，要求每个师范生先修炼、提高自我，才能去教导、引领别人。

陈宝琛从光绪三十一年（1905年）开始就兼任福建高等学堂（此前称全闽大学堂）监督，直到1909年复出。他领导的各类学堂均制定了比较完善的规章制度。仅全闽师范学堂就规定了34种管理办法，对学生的上课、作息、交际、出游、言语、举止等都做了详细的规定。至于功课和品行的考核，均规定以100分为满分。凡不满60分者，均予退学处理。因为学规严谨、纪律严明，所以陈宝琛创办的学堂优等生辈出。可以说在当时的历史条件下，他在福州创办了堪称一流的近代新式教育。福建省当时仅有的两所高等学堂在陈宝琛的运筹下，培养出许多优秀人才。

陈宝琛认为高等学堂要培养出优秀合格的人才，除了要注重自身的建设之外，还要注重提高中等和初等教育的普及率和教学质量。为此，他亲自创建了“福州公立苍霞中学堂”，这所学堂的许多学生后来都顺利进入高等学堂进修。该中学是陈宝琛在1897年于南台苍霞洲林纾故居创办的“苍霞精舍”改名而来的，可以说是福建最早的新式学堂之一。之后，福建的学堂教育在陈宝琛的倡导下开始蓬勃发展起来。1905年，陈宝琛等热心教育的士绅发起成立“闽省学会”，次年改名“福建教育总会”，会长由陈宝琛担任。总会成立后的第一件事就是设法提高福州小学堂的办学质量。他们把城东、城西两所小学立为模范，对其他小学进行评优、调整、归并，对办学困难的发给补助费予以扶持。在总会和分会的推动下，全省中小学迅速发展，1905年教育会成立时，福建只有小学66所、中学6所，而到了1907年，各地就有了小学345所、中学16所、幼稚园2所。

在陈宝琛办学的过程中，经常碰到一些因家庭困难而交不起学费的学生。所以，陈宝琛心里一直想办一所免学费的公学，但是苦于办学资金不足，一直没能实现。光绪三十三年（1907年），一所美国人创办的教会学校——福州鹤龄英华书院，因校方无理处分中国学生，引发了学生的不满而集体退学。陈宝琛觉得可以利用这个机会伸张民族正义，就发动一些有钱的乡绅捐款创办公学。在陈宝琛的倡议下，福建第一所公学——“全闽公学”顺利创建，200多名从美国教会学校退学的学生全部入校继续他们的学业。

而随着中小学的发展，师资问题成为摆在陈宝琛面前的又一难题。于是，陈宝琛又着手大力发展福建的中等师范教育。

1902年，为解决新式学堂师资短缺问题，东文学堂改组扩充为全闽师范学堂，陈宝琛亲任监督。东文学堂是陈宝琛等人1898年出资创办的为预备留学而设的日语学校，聘请日本人为东文教习。陈宝琛还支持夫人王眉寿创办女子师范传习所。1909年传习所改名福州女子初级师范学堂，并附设幼稚园。全闽师范学堂是福建省第一所也是当时唯一设有全科的师范学校。

任学堂监督的陈宝琛

为了提高学校的管理水平，陈宝琛还适时开展了一些短期的职业教育，比如进入师范学堂任教的老师都必须参加岗前培训，提高作为师范类教师的基本素养。这类教育在短期内都起到了显著的作用。

在陈宝琛这个会长的大力促进下，福建教育风气大盛。陈宝琛认为除了要开办针对专职学生的教育之外，还要开办针对普通百姓的社会教育。所以，他还大力推行通俗教育，在教育总会会址内设立宣讲所，对一般百姓宣讲一些日常知识，以期教化民风、提高国民素质。

可以说，陈宝琛这个校长当得十分不容易，既要当校长，也要当老师；既要出钱，也要出力。在当时，陈宝琛穿梭在福州的各个学堂之间，他也正是靠着坚持不懈的努力，才引领了福建新式教育之先，为20世纪福建人才辈出的局面打下了坚实的基础。

发展实业当“经理”

陈宝琛对洋务运动一直都持肯定态度，这一点从他替刘铭传写的著名《筹造铁路以图自强折》中就可以看出来，可惜当时清政府并未采纳。而到了19世纪末叶，西方列强更加紧了对中国路权的掠夺，通过签订合约取得修铁路和采矿权。英、法、德、俄、日等国先后在北京、上海、海口、山东、黑龙江、香港、广州、云南等地修建铁路。列强通过修建铁路把侵略的魔爪不断伸向中国内陆，进而倾销更多的商品，攫取沿路更多的采矿权。进入20世纪后，列强争夺路权的范围延伸到福建。陈宝琛此时认识到，萦绕在他脑海中中国人自己修建铁路的梦应该要让它变成现实。于是，他开始为修建福建铁路奔波忙碌。

比起主持和推动新式教育事业，陈宝琛筹划修建铁路时遇到的困难要多得多。

首先，要取得清政府的许可。1903年，清政府批准了《铁路简明章程》，为陈宝琛修建铁路开了绿灯。章程公布后，各省掀起了以“自保路权”为宗旨的自办铁路的热潮，并汇入了当时全国的收回利权运动。1904年，陈宝琛亲自到上海参加闽浙皖赣四省商办铁路协会，动议四省联动、修建属于中国人自己的铁路。1905年，陈宝琛得到在京任光禄寺卿的福建人张亨嘉的举荐，担任“闽路总理”。

其次，还要排除列强的干扰。法国驻福州领事于1903年唆使候补道员陈日翔经营铁路，以后法国魏池洋行又笼络曾任驻古巴领事的陈纲等人阴谋揽办福建铁路，以便从中插手。日本对修铁路一事更是虎视眈眈，日本驻厦门总领事也想通过陈日翔合办闽潮铁路公司。在陈宝琛成立福建铁路公司后，日本又横加干涉。日本驻福州领事高桥橘太郎照会闽浙总督崇善，要求优先借用日本资金、聘用日本人员，遭福建当局拒绝。

再次，受困于资金的限制。清政府是同意拟修铁路，但只是一纸公文，在财政上没有这方面的拨款。而修铁路是一项需要耗费巨资的工程。陈宝琛在整个修路过程中，大部分时间都奔波在筹款、借款的路上。他辗转于福州、厦门、上海等地招商集资，动员当时的闽籍绅商士民认股。当时有一位港商漳州人吴梓材佯称已集资200万元，要自办漳厦45千米铁路。但经过查实，其实并没有这笔资金。此后他还三番五次自称已筹集巨款。这都给陈宝琛筹集资金带来了许多不确定的因素，耗费了他不少时间和精力。为此，陈宝琛还远赴南洋，足迹遍及新加坡、马来亚、印度尼西亚、缅甸，舟车劳顿，历时8个多月。其间，他还生了一场重病，休养了一个月才得以恢复。最后，共募得资金170多万元，福建第一条铁路才得以正式开工。

正是在这样的重重困境下，1905年，陈宝琛联合福建乡绅正式成立了“商办福建全省铁路有限公司”。陈宝琛以自己的声望和号召力被推举为总理。在他的主持下，公司订立章程，规定专招华股，对于为外国人代购股票，或将股票转售、抵押给外国人的行为概不承认。同其他各省铁路公司一样，福建铁路公司成为全省保卫路权的组织中心，有力打击了法、日等帝国主义国家觊觎福建路权的图谋，维护了国家的神圣主权。

陈宝琛从南洋筹集资金回国后，便着手勘定由漳州至厦门的一段铁路。漳厦铁路于1907年开工，1909年完成第一段工程，1910年5月建成嵩屿至江东桥一段，正式开车营业。它虽然只有短短76千米，但由于福建多山多水，全程须架设41座桥梁，打通59个涵洞，大大增加了工程的难度，原本筹集的资金更显得捉襟见肘。有人建议陈宝琛再赴南洋向华侨募资，但经过上次南洋之行后，陈宝琛一方面深为侨胞的热情欢迎和款待所感动，另一方面又切身体会到，国家不富强，不关心海外侨胞，而只一味索取外来的侨资，终非根本之计，更不应将华侨聚居的南洋看作“募股劝捐之善地”。所以陈宝琛建议向邮传部交通银行借款洋银50万元，最终才得以完成这段工程。

尽管花费了巨大的精力和资金，但这段铁路“前不过海”，“后不过江”，再加上施工质量不高与后期维修管理不善，火车根本不能提速，运货效率不高；而载客实用性也不强，还不如走水路。当地人称之为“盲肠铁路”。该铁路在运行一段时间之后又被废弃，成了“面子工程”。但它却是福建铁路的先声，福建直到新中国成立后鹰厦铁路建成前，几十年间全省没有一条铁路。由此更可以看出陈宝琛当年筚路蓝缕的艰辛。

如果说兴办学校是陈宝琛的拿手好戏，那修建铁路对他来说就是一个完全陌生的领域。虽然最终福建铁路由于资金的原因，成了一个烂尾工程，但是陈宝琛修建铁路这一举动本身就是他寻求中国自强的努力，也是敢于向列强说“不”的有力抗争。

陈宝琛除了修建铁路之外，还注重兴办其他实业。1890年，他在螺洲老家创设织布局，组织一些贫苦的族人，聘请师傅传授他们织布技术，让他们以此谋生。陈宝琛为了发展家乡实业，还大力通过倡办实业教育，培养人才。1900年，他首创福州私立蚕桑公学，它是福建官立蚕业学堂的前身，是福建最早的实业学堂。1906年，福建官立商业学堂创办，陈宝琛任第一任监督，次年改名为福建官立中等商业学堂。陈宝琛还创办了福州农事试验

场农业别科，即福建官立农业学堂的前身，还有前文提及的福建女子职业学堂与蚕桑女学堂。这两所职业女子学堂培养了一批掌握熟练技艺的女技工，在社会上影响甚大。

陈宝琛在福建赋闲的日子里，为了推动福建洋务运动的开展，付出了大量的心血，做了一回名副其实的“经理”。

身为布衣心忧君

甲午战争期间，陈宝琛虽然赋闲在家，但时时关注事态进展。1895年4月18日，陈宝琛在报纸上看到了台湾落入日本囊中，义愤填膺，拍案而起。但是此时的他已经远离官场，能做什么呢？即使他为官的时候，面对清政府的无能和腐败，也只能是上上奏折，期待能引起皇帝和太后的重视。而此时的陈宝琛连上奏折的机会都没有了，他只能以自古文人惯用的方式抒发心中的苦闷。陈宝琛有深厚的古文功底，赋得一手好诗。这时的福州，春寒未退，陈宝琛临江而望，挥毫泼墨，写下了脍炙人口的《感春四首》。诗篇写出了战败的悲凉，指出了朝廷的无能，道出了对割台的愤恨。

一春谁道是芳时，未及飞红已暗悲。
雨甚犹思吹笛验，风来始悔树幡迟。
蜂衙撩乱声无准，鸟使逡巡事可知。
输却玉尘三万斛，天公不语对枯棋。

阿母欢娱众女狂，十年养就满庭芳。
那知绿怨红啼景，便在莺歌燕舞场。
处处凤楼劳剪彩，声声羯鼓促传觞。

可怜买尽西园醉，赢得嘉辰一断肠。

倚天照海倏成空，脆薄原知不耐风。
忍见化萍随柳絮，倘因集蓼毖桃虫。
到头蝶梦谁真觉，刺耳鹃声恐未终。
苦学挈皋事浇灌，绿阴涕尺种花翁。

北胜南强较去留，泪波直注海东头。
槐柯梦短殊多事，花槛春移不自由。
从此路迷渔父棹，可无人坠石家楼？
故林好在烦珍护，莫再飘摇断送休。

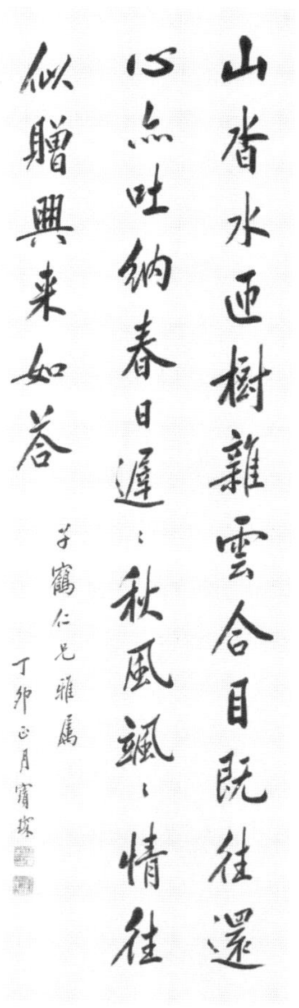

陈宝琛书法

台湾与福建一衣带水，素有亲缘、地缘等割不断的情缘，在很长一段时间内都归属福建管辖。陈宝琛对台湾更有割不断的情感。他一直都主张清政府要注重海防，把祖国的宝岛守卫住，同时也为台湾的发展提出很好的建议。这些建议也在他的好友刘铭传入主台湾后得以贯彻和实施。刘铭传在台湾任职期间，修铁路，开煤矿，创办电讯，改革邮政，发展航运事业，促进台湾贸易，发展教育事业，促进了台湾近代工商业的发展，台湾的防务也日益巩固。

1886年，陈宝琛受时任台湾巡抚刘铭传邀请赴台参观。在此次出行过程中，他结识林维源侍郎，两人虽为初识，但相见恨晚，甚是投缘。在两人的牵线下，陈宝琛的妹妹许配给了林维源的侄子。陈宝琛在创办全闽师范学堂的时候，林氏家族就无偿资

里居古指官吏告老或引退回乡居住，也指辞官返乡居住。

助万两黄金。甲午战争割台后，陈宝琛的妹妹一家也将离开祖国的怀抱，生活在日本的铁蹄之下，手足情更牵动了陈宝琛对台湾安危的关注。1906年，陈宝琛为筹建铁路赴南洋募捐，途经马来半岛时，还触景生情地写了《吉隆车中口号》，其中有一句“琼州莫再作台湾”。在距割让台湾35年后，他在同友人喝茶时还在为失台深感痛切。

陈宝琛虽然赋闲在家，但他时刻关心着国家大事，身虽远矣，但心仍留在朝廷。处江湖之远而忧庙堂之君，大有范仲淹的情怀。

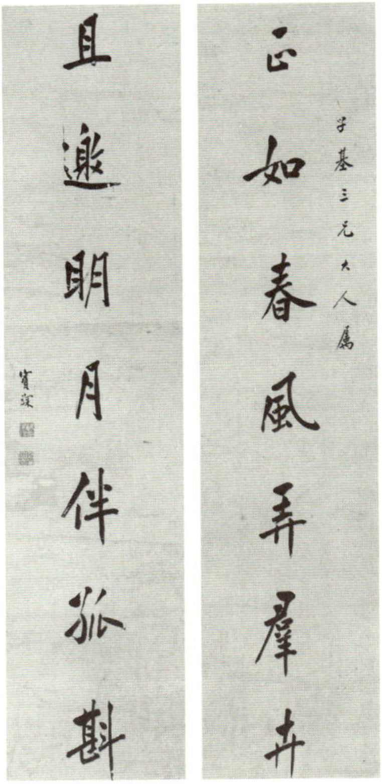

陈宝琛手书对联

陈宝琛在里居期间，自号“橘隐”“沧趣老人”“听水老人”，经常以诗会友，与兄弟、友人作诗唱和、切磋诗艺，成为清末“同光体”闽派的扛鼎诗人。陈宝琛的大部分诗作都是其赋闲在闽时所写。通过这些诗作，可以窥见陈宝琛忧国忧民之情，如收录在《沧趣楼诗文集》中的《忆洪塘金山寺送蕢斋》：

“同光”指清代“同治”“光绪”两个年号。光绪九年（1883年）至十二年（1886年）间，郑孝胥、陈衍开始标榜此诗派之名，宣称“同、光以来诗人不墨守盛唐者”，随着后期大批文人的追捧，“同光体”逐渐成为一种成型的诗风。

小阮匆匆去入朝，
阿瑛话旧最魂消。
早知万事皆前定，
秋雨横街说鬼宵。
却将谈笑洗苍凉，
三夜分明梦一场。
记取吴淞灯里别，
不须寒雨忆洪塘。

此诗原是陈宝琛追忆在福州洪塘金山寺送别张佩纶赴戍而作，借此引闽贤张经抗击外来侵略有功却遭屈斩一事，为张佩纶鸣不平。在1898年戊戌政变后两个月，陈宝琛在上海聚会清流旧友，吟唱大有影射之嫌的诗句。

又如《蒉斋以小像见贻题寄》一诗：

十载街西形影随，

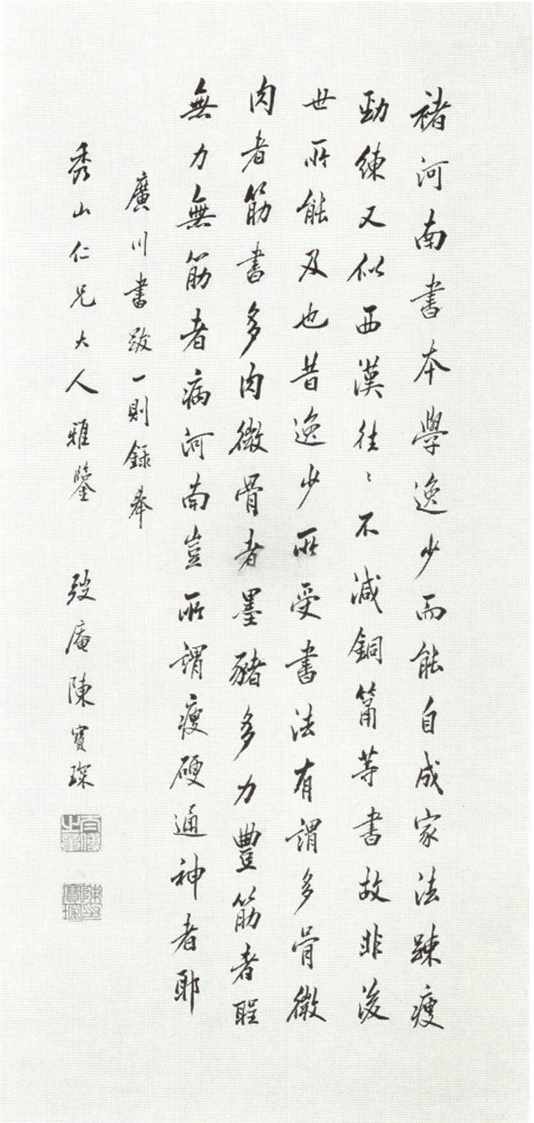

陈宝琛书法

陈宝琛画的松石图

五年南北尺书迟。
梦中相见犹疑瘦，
别后何时已有髭。
机尽狎鸥元自适，
声销卖药渐无知。
江心忆拜张都像，
热泪如潮雨万丝。

“梦中”一联，在当时最广为传诵。最后两句语谓福州台江上游的洪江中有小岛，名小金山，山上仅容一寺，寺中有一小塔，客堂中供明都御史张经像。张经为抗倭英雄，但最终却以倭兵事被陷害而死。此诗既为其好友张佩纶鸣不平，也暗指甲午战争中清政府消极抵抗，致使清军惨败。

除了诗文之外，陈宝琛还有不少书法作品传世。陈宝琛的诗文书法为世所重，诗是“同光体”中坚，书法有“伯潜体”之称。他的书法在中国古代后期比较罕见，主要从唐碑中来，法规精严，一以贯之，富有理性而稳定。有人这样评价他的书法：“本来‘撇’是汉字中最易于取态的笔画，可以万千风情波澜随生，但在陈宝琛笔下，只有一种方式，都如剑枪般挺括，不肯示一点柔媚。”看陈宝琛的书法仿佛就可以看到他本人，读得越久越是觉得字如其人，笔笔都风骨棱棱，不显一丝柔和与松弛，正是陈宝琛一生清骨嶙峋、桀骜不驯的写照。

除了有精妙的书法作品留世之外，陈宝琛还画得一手好画，特别是擅长松画。这应该也是陈宝琛一生坚强不屈的品格的象征。

第五章

荣为帝师 尽忠报恩

在家赋闲 25 年后，陈宝琛再次奉诏入京，而且阴差阳错当上了宣统皇帝的老师。在宣统皇帝退位后，陈宝琛仍在动荡的时局中十年如一日地关照溥仪。

赋闲25年，三失复出好良机

陈宝琛作为一代名臣和清流健将，虽被罢官，赋闲在家，但是他在京城却依然有很大的影响力。而清末的政治斗争就是你方唱罢我登场，三十年河东、三十年河西的一场大戏。陈宝琛在家赋闲近25年，其间有三次复出的良机。但是历史总是和陈宝琛开了些小小的玩笑，让他错过了这些机会。

1884年，慈禧发动“甲申易枢”，把以奕䜣为首的大批军机重臣赶出朝廷中枢机构。可是，由于清末战事纷纷，疏于人才培养，经常会出现一些重要的岗位无人可用的危机。10年后，清政府出于议和的需要，又起用奕䜣为总理衙门大臣，并总理海军，会办军务。由此，当时同奕䜣一起被打倒的李鸿藻等军机大臣又重新获起用。李鸿藻就是清流派的带头大哥，他一复出，就准备推荐重新起用陈宝琛，但却因陈宝琛父亲去世守孝而作罢。

第二次机会是湖南巡抚陈宝箴的推荐，但随后不久便发生戊戌变法，自然无法出山。陈宝箴是陈宝琛学生陈三立的父亲，是清末地方巡抚中唯一倾向维新变法的官员。1895年，他在湖南巡抚任内与按察使黄遵宪、学政江标等办新政，开办时务学堂，设矿务、轮船、电报及制造公司，办《湘学报》，被光绪帝称为“新政重臣”，他是清末著名维新派骨干。陈宝箴一直都对陈宝琛的才识十分欣赏，加上陈宝琛曾经帮助过陈三立，所以一直想找机会帮他一把。但是命运弄人，无奈这次也无果而终。

第三次机会则是张佩纶的复出。张佩纶与陈宝琛是挚友。张佩纶在马江海战中担任作战指挥官。他积极备战，制定了详细周密的作战部署，比如提出了“塞河”之策：在闽江口备下30艘装满石头的轮船，准备等法国舰队进入闽江口后，便连船带石头一块沉入江中，堵塞河道，然后对法国舰队来个瓮中捉鳖。张佩纶在做好作战准备后，曾多次去电请朝廷早定作战计划，而李鸿章等大臣却提出反对，也未提出更好的作战计划。所以待法国舰队逼近马尾发起突然袭击时，福建水师完全没有做好准备，全军覆没。张佩纶自然要背起这个黑锅。朝野上下纷纷指责他的过错，坊间甚至还传闻他一听到炮声，自己先一口气逃了几十里。但是，只有陈宝琛对张佩纶最为了解，知道他并不是一个贪生怕死之人，一直力挺张佩纶。谁知，陈宝琛也受到连累，随后不久两人先后被充军和降职。后来左宗棠奉旨查核张佩纶，经查并无临阵脱逃之事。

直到1900年，张佩纶因鹿传霖尚书举荐，以翰林院编修复出。复出后，张佩纶曾多次向李鸿章推荐陈宝琛，李鸿章也应承会优先奏用。但是，陈宝琛复出的机会又被慈禧的近臣荣禄给扼杀了。原来，陈宝琛曾经因为“敢言人所不言”而得罪过荣禄。陈宝琛在光绪七年（1881年）奏劾崇礼的折子中，把崇礼比作当时被罢官的荣禄，说荣禄升官太快，但实际并没有那么大的本事，最终才会被罢官。陈宝琛对荣禄的评价本属于就事论事，荣禄在官场扶摇直上，更多是靠他左右逢源、溜须拍马的本事。后来荣禄复出后，又靠这一本事迅速成为慈禧身边炙手可热的人物。他对陈宝琛自然是恨之入骨，怎么可能让他轻易复出？于是多次反对李鸿章起用陈宝琛。

陈宝琛被贬，起因是荐人失察，实则是因为耿直敢言的性格得罪了以慈禧为首的当权者。而陈宝琛失去了三次复出的机会，也是因为这个原因。光绪三十四年（1908年）10月，光绪、慈禧相继去世。1909年，清朝末代皇帝溥仪继位，陈宝琛才应诏入京。陈宝琛起起落落的人生，都是时代的印记和历史的抉择。

一封昭雪文，再现清流精神

1909年2月，陈宝琛再次离开故土，奉旨入京。这年他61岁，已经年过花甲。20多年前，以敢言直谏闻名天下的清流党，这时只剩下陈宝琛和张之洞二人还在殿堂上行走。而陈宝琛的复出，正是时任军机大臣的张之洞极力向摄政王载沣保举的结果。

到了这个年龄，本是在外漂泊的人落叶归根的时候，陈宝琛却要再次背井离乡。他为的不是荣华富贵，而是再续年轻时的那份未了的激情，为的是再报曾经未报完的恩，为的是一直装在心中的国家。

此时的北京，还是一片北国风光。纷飞的大雪无法阻挡陈宝琛的热血和激情，他已经准备好了再大干一番事业。只可惜，20年后的北京已经物是人非，一切还能遂他之意吗？

1909年的朝廷，皇帝年幼，皇权被几个亲王分割，朝纲政纪崩坏，皇室贵族为的是维护自己的权益不被侵夺，表现出极度的短视、功利和盲目。在他们统治下的国家岌岌可危，像是列强嘴边的一块肥肉，随时都有被吃掉的危险。举国上下对清末新政强烈不满，传统士大夫在官场上都被视为毒瘤，尽失恩宠，第一代的“海归”得到重用，成为时代的精英人物，活跃在各个领域。

这样的政治环境、社会背景、国际生态已经不再给清流派谈道德义理、谈修身养性的时间和空间了。《天演论》的“物竞天择”、破旧出新的新思潮逐渐盛行。

陈宝琛虽然赋闲20多年后才得以复出，但是他一直在福州办新学，兴实业，也不断地接触新鲜的事物和思想，原本就力主洋务的陈宝琛越来越接受维新是清朝唯一出路的思想。所以他还是能敏感地捕捉到时代的气息，在1910年官复礼部侍郎后，就上折为“戊戌六君子”昭雪。

虽然朝廷从1901年开始在慈禧的默许下推行新政、进行改革，改革的内容也多是以1898年戊戌变法的内容为蓝本进行的，从这个意义上来说是肯定了戊戌变法提出的发展道路的正确性，但自始至终无人敢替“戊戌六君子”翻案。

陈宝琛呈上《在资政院请昭雪杨锐等提案文》，短短263字，字字珠玑，铿锵有力地从忠君大义出发，呼吁为“戊戌六君子”平反昭雪。陈宝琛常想如果当时戊戌变法没有被扼杀，那么10年的改革也许就能换来一个已经强大起来的清王朝。人们要感谢康有为、梁启超这些敢为人先的改革者，是他们带给清王朝复兴的希望和可能。于是，陈宝琛决定要发声，虽然初来乍到的他也不知道现在掌权的亲王们是顽固派还是维新派。他要做的就是劝说当权者去做正确的事情，挽救大厦将倾的王朝，拯救处于水深火热之中的人民。

但是，陈宝琛一个人的声音是那么微弱，况且他还只是一个刚刚官复原职、手上毫无实权的言官，他的声音注定要被淹没在清朝崩塌的断裂声中。

拒付门包钱，巡抚不成为帝师

在陈宝琛到京城后不久，张之洞就因年迈体衰而去世。陈宝琛亲自送张之洞走完了人生最后一程。张之洞临终前还念念不忘天下安危，提出要善抚民众。而当时一起前去探病的摄政王载沣却还扬扬得意道：“不怕，有兵在。”张之洞从此在他面前再无

一语有关国计民生的大计。当天，张之洞便在哀叹“国运尽矣”声中去世。而陈宝琛目睹了这一幕，一直拥着这位多年挚友，相视无语，看着他咽下最后一口气。起身后的陈宝琛五味杂陈，他既为这个腐朽的清王朝感到悲哀，又为自己食君之禄却报君无门感到痛苦。他看着年幼的溥仪，只能希望这个幼主能振作起来，这是支撑此时的陈宝琛在京城一直走下去的唯一希望和动力。历史也赋予了陈宝琛和溥仪一生的情谊和缘分，而他们的缘分还要从庆亲王奕劻的门包钱说起。

宣统三年（1911年）5月，重新被起用的陈宝琛补授山西巡抚。此时，陈宝琛已经64岁，但是真正做一个握有实权的封疆大吏，还是头一回。陈宝琛早年一直是言官，主要是建言献策，没有实践自己理想和抱负的平台。他比喻自己像是一只困在笼中的鸟、套上车辕的马。这下有机会施展自己的才能，在山西做一些实实在在的事情，陈宝琛对这个难得的机会自然十分珍惜。

陈宝琛接旨后，便整装待发。但是按照清末亲王掌权后形成的官场规矩，新任命的官员在赴任前都必须到领班的军机大臣处辞行。拿到任命的文书后，官员才能顺利上任。在清末腐败的官场风气下，亲王的门卫们发现了这样一个敛财的机会，便借机向前来辞行的官员收“门包钱”。如果他们不交“门包钱”，就见不到亲王，也就拿不到任命文书。身居乡间多年的陈宝琛并不知道其中的这些猫腻。他按规矩前去庆王府辞行，敲开大门后就被门卫索要“门包”，而且数额还很大，否则不予通报。陈宝琛一身正气，整天弹劾的就是那些贪赃枉法的官吏，哪能接受这种明目张胆的索贿行为，立马严词拒绝，生气地打道回府。奕劻知道后也十分生气，大骂陈宝琛不识好歹，连这点小钱都不舍得花。在奕劻看来，这只是一点小钱，因为他就是以办理卖国外交和卖官鬻爵出名的；在陈宝琛看来，这不是钱的问题，而是关乎名节的问题。但掌权的毕竟是庆亲王，他又接受了另一个叫陆钟琦的人的贿赂，所以庆亲王就找了载沣，以长辈的身份要求将山西巡抚一职改给陆钟琦。载沣不得已，只好应承下来。而此时，载沣正为给皇帝找个好老师而发愁，他想陈宝琛性格这么耿直，估计到地方为官也会水土不服，还不如好好地发挥他的才识，让他去做皇帝的老师。这个载沣倒是继承了清朝皇族的优点，十分重视对皇室成员的教育。当时的王公、贝勒们都十分害怕看到载沣，怕他批评自己不用功于课业。清末皇族子弟多半废学，载沣深为担忧，他为此特面谕礼亲王转饬近支王公、贝子、贝勒，留心学习经史子集以及政治书籍，并拟将孙家鼐等人进呈讲义之书一并另行抄录，分送近族的聪慧子弟阅读。载沣对自己的儿子——当朝皇帝溥仪——自然有更为严格的要求。在溥仪尚幼时，载沣已让他在内宫学习识字，并在宣统二年（1910年）春转到毓庆宫专心课读。这个毓庆宫是皇帝专门学习的地方，清朝同治、光绪两位皇帝都是在毓庆宫读书的。

毓庆宫

由此，载沣就改任命陈宝琛为侍郎候补，

授读毓庆宫，兼弼德院顾问大臣。不久改补正汉军副都统，授读如故。陈宝琛就从巡抚变成了帝师。话说回来，陈宝琛拒捐“门包”，反倒因此躲过一劫。顶替陈宝琛去太原任巡抚的陆钟琦，在上任后还不到一个月，当地晋军就发动政变。起义士兵一下拥进了巡抚大宅，陆钟琦还想以巡抚的身份阻拦一下，没想到士兵不由分说，手起枪响，陆钟琦便饮弹身亡，而后赶来救援的儿子陆光熙也被打死。起义士兵冲入内室，陆钟琦的妻子唐氏和陆家的仆役先后被杀，陆钟琦13岁的长孙陆鼎元也被刺伤。这起灭门惨案在当时甚为轰动。

现在，陈宝琛多了一重身份——帝师。1912年2月12日，辛亥革命爆发后不久，皇帝便被迫发布退位诏书。溥仪不再是皇帝，陈宝琛的帝师身份当然也不复存在。如此算来，陈宝琛真正担任帝师的时间也就半年有余。但是，人们都还习惯于称他为“帝师”。因为虽然溥仪不再是皇帝了，但陈宝琛一直对溥仪不离不弃，陪伴他长大成人。陈宝琛兢兢业业教育辅导溥仪，溥仪曾说过在他心中有两个灵魂，一个就是陈宝琛老师。

奉命为帝师，授业十年如一日

1911年7月18日，在这个由母后钦点的良辰吉日，6岁的宣统皇帝溥仪正式入学了。溥仪上课的地方也正式迁往毓庆宫，而老师的挑选任务也基本完成，他们是汉文师傅陈宝琛、陆润庠，满文师傅伊克坦。陈宝琛为汉文首席师傅，也成为溥仪少年时代最重要的老师。当时的朝廷给陈宝琛这个首席帝师的待遇还是很优厚的：陈宝琛的薪水每个月有千两白银，还时不时有补贴，皇帝还经常赏赐他很多字画古玩、御笔联匾。而后，溥仪的老师出现变动，陆润庠教了不到一年就去世了。后来又增加了3位汉文师傅，他们分别是徐坊、朱益藩和梁鼎芬，1919年又增加了一位英文师傅——苏格兰人庄士敦。溥仪对这些老师印象最深的就是陈宝琛和庄士敦。

此时陈宝琛虽年岁已高，但精力还十分旺盛。他每天都是天微亮就第一个到达毓庆宫，夏天是5点半，冬天是6点。不管刮风下雨，他都履行着帝师的职责。虽然陈宝琛学富五车，诗词书画样样精通，在福建时又亲自办过教育，成绩斐然，已经是一个公认的教育家，但是此次他教的可不是普通的学生，要怎样才能做好一个皇帝的老师呢？

溥仪小时候十分淘气，在他的老师看来，毫无规矩，因为他时常在课堂上闹事。有时溥仪念书一高兴，就把鞋子袜子都脱了

溥仪与师傅朱益藩（左）、陈宝琛（右）

帝师陈宝琛

扔到桌子上，老师无奈，只能好好地哄他穿上。有一天，溥仪突然发现徐坊老师的眉毛长长的，特别好玩，便要求老师让他摸一下。徐坊俯下身来，溥仪却冷不丁拔下一根眉毛，疼得老师大叫起来。老师们都觉得小皇帝闹得太不像话，但又不能训斥、责骂。陈宝琛应对溥仪的淘气，就是以耐心应对，并想办法让自己的课听起来更有意思。陈宝琛利用早晨人的记忆力最好的时段教溥仪诵读经书、认字识字。但陈宝琛教授的不是那种摇头晃脑、死记硬背的方式，他能深入浅出，循循善诱，将晦涩难懂的经义阐发得鞭辟入里。而且还能结合当时的一些新闻趣事、前朝先帝的事迹来讲解古人哲语中蕴含的义理。陈宝琛不愧是一个讲故事的高手，时而不屑一顾，时而幸灾乐祸，时而意气昂扬，常常听得少年溥仪入了神。

这时的溥仪才10岁左右，而且生性活泼好动，对认真读书似乎没有太大兴趣，常常谎称生病请假不去上课。他最喜欢的是毓庆宫东跨院里的桧柏树。那里是一个小动物的乐园，小蚂蚁在那里排着整齐的队伍搬运食物，蛐蛐在草丛中唱着歌，蚯蚓时而冒出地面透透气。溥仪对这些小动物的兴趣超过了待在课堂上听课，经常一玩就是大半天，甚至叫人搬来了大批陶瓷盆缸来喂养。其他老师对溥仪这种行为甚是不解，觉得这是玩物丧志的表现。但是陈宝琛觉得爱玩是孩子的天性，既要约束，但更要疏导。应劳逸结合，玩的时候好好玩，读书的时候才能用功读溥仪是皇帝，陈宝琛是臣子，臣子即使为师也不能直接批评皇帝，所以就发明了一种伴读制度。从皇室家族中挑选一些子弟陪皇帝读书，皇帝要是有什么过失，老师就通过教训伴读，以此起到对皇帝的提醒、规劝，间接起到训诫的作用。

书。所以陈宝琛特意送了一个蛐蛐笼子给溥仪观察蛐蛐。调皮的溥仪还把这个笼子带去早朝，偷偷地藏在了龙椅之下。后来溥仪逊位后，退出皇宫，再次来到紫禁城的时候，还在龙椅下找出这个当时他最爱的玩具。陈宝琛抓住了孩子的天性，在他耐心的引导下，溥仪慢慢地收了玩心，花在功课上的时间渐渐多了起来。

所以，在几位汉文老师中，溥仪对陈宝琛的印象最好。而陈宝琛这时对溥仪的影响也是最大的。他对溥仪的教育非常谨慎，生怕这棵苗子长歪了。他希望溥仪长大后能复兴大清，改变中国的命运。所以，陈宝琛对自己的要求也非常高，时刻紧盯着这位小皇帝。他十分注意对溥仪的言行、举动的引导和匡正。一天，溥仪不知道是哪来的高兴劲，蹦蹦跳跳地跑进了书房。此时，陈宝琛和其他一起伴读的同学已经在书房里恭候多时了。陈宝琛看到这种情形，立刻皱起了眉，他觉得作为九五之尊的溥仪的行为有失天子之仪。于是，陈宝琛指着一旁伴读的毓崇训斥说：“看你何其轻佻！”溥仪失态，毓崇却遭训。聪明的溥仪当然心领神会，知道老师的良苦用心，从那以后，溥仪在课堂上规矩了许多，课业也大有进步。陈宝琛长期坚持用心教导，不仅要求溥仪学习儒家经义，更要求他的言行举止要有君王风范，进而才能学习为君之道。

尊统与纳新，虽老旧却不迂腐

20世纪的中国发生了翻天覆地的变化，很多变化都开始于溥仪即位之后。

宣统元年（1909年）闰二月，清政府下诏责成预备立宪。宣统二年（1910年）正月，同盟会发动广州新军起义，但却失败了。宣统三年（1911年）10月10日，武昌起义爆发，民国元年（1912年）2月12日，隆裕太后临朝称制，以太后名义颁布《退位诏书》，溥仪正式退位。诏书中规定清室退位后暂居紫禁城宫中，日后移居颐和园；仍用皇帝尊号，民国政府以外国君主之礼相待；每年提供400万两白银的费用；特别保护皇家私有财产等等。至此，在中国实行了近2000年的封建帝制被推翻。溥仪也就成了末代皇帝。

这一切来得太快、太突然。对于清朝遗老陈宝琛来说，不仅要面对改朝换代的痛苦，更要面对新时代带来的新政体、新思想的冲击。60多岁的陈宝琛能撑得下去吗？

此时，有人劝陈宝琛离开京城，告老还乡。但是当陈宝琛第一眼见到6岁的小溥仪的时候，就在心中有了保护“真龙天子”、重振国威的决心。他将中国的未来完全寄希望于溥仪身上。所以，陈宝琛在这个重要历史时刻，依然对溥仪不离不弃。在后来另外一个历史关头，陈宝琛同样也对溥仪选择了另一种形式的不离不弃。不同的是，第一次不离不弃，陈宝琛对溥仪复辟清王朝还保留些许念想；第二次不离不弃，陈宝琛是想挽救溥仪的名节。

既然陈宝琛选择了坚持、坚守，他就要学会适应和进步。

陈宝琛写过一副对联："文明新旧能相益，心理东西本自同"。可以说一语道出他对于中国传统文化和西方先进思想的态度。早年的陈宝琛对西方先进技术就持肯定的态度。但是对于西方思想并不能充分认识和接受。然而在时代进程和社会现实的面前，陈宝琛表现出了开放与纳新的态度。比如，在清末宪政受到质疑的时候，他与劳乃萱、曾习经等人组织帝国宪政实进会，并任会长，希望通过君主立宪让溥仪在困境中找到出路。可见，陈宝琛并不一定要执拗地恢复封建帝制，他关心的是溥仪的位置和权利。对于资深的士大夫陈宝琛来说，能够接受宪政确实不易。

陈宝琛像

1919年，为了顺应时局的需要，清王室请来一位苏格兰人庄士敦担任溥仪的老师，主要教育溥仪英文、数学、世界史、地理。庄士敦一来就深得溥仪喜欢，他能给溥仪讲世界各国有趣的事情，介绍一些神奇的科学知识。慢慢地，庄士敦成为溥仪后期主要的授业恩师。溥仪因此眼界大开，开始穿西服，并且剪辫，骑自行车。他甚至还为了出洋留学，与庄士敦秘密制定了逃出紫禁城的计划，只因王公闻讯阻止才未实现。长大后的溥仪再也不是那个谨小慎微的陈宝琛所能控制得住的人了。陈宝琛担心溥仪的安全，反对他骑自行车；陈宝琛希望溥仪留着辫子，以后还要当"皇帝"。照理说，陈宝琛应该视庄士敦为敌人，是他把溥仪

陈宝琛像

教成如此玩世不恭的样子，而且还抢去了自己在溥仪心中的地位。但事实上，庄士敦却是晚年陈宝琛的挚友。两人私交甚好，陈宝琛经常邀请庄士敦到他家中做客。在陈宝琛生病的时候，还接受了庄士敦的建议，请来西医为其治疗疾病。陈宝琛晚年头上长了一个瘤子，83岁时，陈宝琛决定在德国医院做外科手术将其切除。

来而不往非礼也，庄士敦在香山有一处别墅，还没有完全修好就请陈宝琛去住。陈宝琛为此甚是高兴，还在别墅中留下“潺潺洗出中秋月，拥褐深宵数看起”的佳句。对山水的共同热爱让他们成为好友，并常常结伴出行。到1920年之后，溥仪和其他人都认为陈宝琛迂腐不堪，庄士敦对陈宝琛却有很高的评价，他在自己的《紫禁城的黄昏》一书中这样描述他：“他身体健康、精力充沛、思维敏捷、举止端庄有礼，是一位很有魅力的令人喜爱的人。他也是一位著名的诗人、一位造诣极深的学者，其优美的书法令人赞赏。”同时庄士敦对陈宝琛的另一段评价应该也是较为客观公正的：“他已风烛残年，却纯粹为了实践儒家信条对君主的忠诚，而牺牲了自己可以在故乡青山秀水中得到的愉悦和安宁。”

陈宝琛对溥仪的期望和要求是保守的，甚至可以说是迂腐的，因为他信奉的是儒家的忠君信条。但透过陈宝琛与庄士敦的交往，我们却可以窥见一个胸怀宽广、能够接受新事物的陈宝琛。有陈宝琛宽广的胸怀，庄士敦才有可能与陈宝琛成为好友；有陈宝琛纳新的思想，陈宝琛才能接受庄士敦这个代表年轻与活力的苏格兰人；同时也是陈宝琛纳新思想潜移默化的影响下，溥仪在14岁的时候碰到庄士敦这位洋老师，才能一下子爱上了他。溥仪曾经讲述过他对外国人的印象：那是在隆裕太后最后一次招待外国公使夫人之时，他第一次看到和“人”不一样颜色的眼睛和头发，觉得她们十分可怕，而身边的太监又告诉溥仪外国人的胡子很硬，胡梢上可以挂一盏灯笼；外国人的腿很直，如果害怕外国人，只要用一根竹竿把他们撂倒，他们就爬不起来了。如果溥仪一直接受这样愚昧的教导，他会喜欢上庄士敦吗？正是办过洋务、到过南洋、见过洋人、阅览新书、接触过新鲜事物的陈宝琛纠正了其他人对溥仪的这些误导。

当然，作为横跨两个世纪的人，陈宝琛的身上必然会留有上个旧时代的痕迹，这也是其保守的一面。据说陈府上老少两代间也总是闹摩擦，这或许就是今人所说的代沟。他实行家法管教，孩子们往往口服心不服，想尽办法对付这个顽固古板的老人。他们和家庭包车的车夫商议好，每当陈宝琛下朝回家、马车快进胡同口的时候，车夫便把脚下的车铃踩得山响，陈府的子女们听到“警报”，赶紧先插大门，迅速撤去摆在院中的桌椅和糖果，把一个欢快活泼的场面立即变得沉闷而严肃，然后再开门迎父。

时局大动荡，忠心全为保溥仪

溥仪逊位后，陈宝琛深感自责，觉得自己是历史的罪人。他是帝师，他的学生当不成皇帝了，为师的也有不可推卸的责任。所以，陈宝琛一直希望摆脱历史的罪名，让溥仪重回皇帝宝座。

袁世凯曾拉拢陈宝琛加入他的内阁，但是被陈宝琛拒绝了。陈宝琛认为这是对皇帝不忠，是他绝对不能干的事。在此之后，

清亡后，末代皇帝溥仪（圈中坐者）与末代帝师陈宝琛（圈中立者）及前清官员合影

陈宝琛在给溥仪上课的过程中，就经常言辞激烈地批评袁世凯等人，对他们大加挞伐。也是在这个时候，陈宝琛开始注重对溥仪进行时事教育，让他对时局有所了解。他告诉溥仪要以越王勾践为榜样，十年磨一剑，在逆境中韬光养晦，最终东山再起。

1915年12月，袁世凯建立君主立宪制，并接受皇帝的尊号，准备成立中华帝国，打算定1916年为洪宪元年，行君主立宪政体，把总统府改为新华宫，并拟定《新皇室规范》。为此，陈宝琛怒斥袁世凯的倒行逆施，认为这个原本属于爱新觉罗氏的朝廷，却被曾经的臣子给霸占了，这是儒家思想最为唾弃的一种行为。但是，陈宝琛一个文人，面对掌握军权的袁世凯，在这时候也没办法帮助溥仪。他也只能用卜筮的方法告诉溥仪，你的仇人袁世凯前程凶险，不用太过担心。陈宝琛这时虽然年近八十，但是骂起人来还是活力十足，指名道姓大骂袁世凯自作孽，不可卜筮是古人的一种占卜方法，通过烧龟甲并观看裂纹方向来预测吉凶。

活。袁世凯当时已经是大总统了，陈宝琛又再现了年轻时的清流精神。他用反对袁世凯的方式来向溥仪表示忠心，更重要的是要给溥仪希望。1916年6月6日，做了83天皇帝的袁世凯在全国人民的讨伐声中暴毙，这似乎应了陈宝琛的占卜，于是陈宝琛对溥仪未来的信心更加坚定。而这时张勋出现了，陈宝琛就想牢牢地抓住这根救命稻草。

张勋也是清朝遗臣，他想复辟帝制。与袁世凯不同的是他复辟的是爱新觉罗氏的皇朝，所以就一直留着辫子，还组织了一队辫子军。1917年，张勋以调解段祺瑞代表的国务院与黎元洪代表的总统府之间的矛盾为名，率定武军4000人入京，把继袁世凯之后的总统黎元洪赶下台，并计划重新请出溥仪当皇帝。陈宝琛闻讯后大为兴奋，再三嘱咐溥仪重新登基那天要如何如何。1917年7月1日，宣统帝复辟，年仅12岁的溥仪又坐上龙椅，大封群臣。但是，这样逆历史潮流而动的事情必然引起公愤，7月3日段祺瑞便出兵讨伐，期间还曾有一架共和派的飞机在紫禁城上空投下小炸弹，炸到了紫禁城东六宫中的延禧宫，将建筑轻度损坏。张勋被吓得不轻，马上逃入荷兰大使馆。13日，溥仪就宣布第二次退位，只坐了12天龙椅又下了台。

张勋复辟失败后，紫禁城又暂时恢复了往日的平静。陈宝琛照样天天在毓庆宫授读，溥仪也都正常来上课，偶尔还作为公众人物露面做些慈善活动。虽然两个人在表面上好像都没有什么变化，但是实际上，他们内心的改变在悄悄出现。参与张勋复辟是陈宝琛保溥仪皇位活动的高潮，随后陈宝琛的这种想法便渐渐减弱。因为他看清了时代发展的趋势，分清了与溥仪的私人感情和复辟帝制的不同。而溥仪刚当回皇帝又被赶下来，觉得自己就像一个木偶人，任人操纵。随着他年岁渐增，种在他心中的复辟种子也慢慢生根发芽长大了。随后发生的一切是陈宝琛不愿看到的，同样也是他阻止不了的。

1924年9月，第二次直奉战争爆发，直系军阀吴佩孚与奉系军阀张作霖大打出手。当时，直系军阀控制了北京等地，奉系军阀的势力范围则在东北地区。直系军第三军总司令冯玉祥原本被派往长城古北口镇守阵地，可他突然倒戈回京，软禁了贿选总统曹锟，导致了吴佩孚的垮台。同时冯玉祥也对还享有特权的清朝遗老遗少采取了行动。同年11月5日，冯玉祥派鹿钟麟带兵入紫禁城，逼溥仪离宫，并获得大量宫中财物，史称“北京政变”。溥仪被迫搬进北府（载沣的住处）。

这次事件改变了以前一直表现得与世无争的溥仪。面对国民军的步步紧逼，曾经为帝的溥仪终于感觉到不再为帝的屈辱，他的内心开始焦躁和不安。他焦躁的是怎样才能早日复仇，不安的是眼下要如何才能摆脱国民军的监视，尽早远走高飞。此时溥仪收到消息，冯玉祥准备再对他们采取行动，应该尽快离开北京。于是在陈宝琛、庄士敦等人的谋划下，溥仪先被送到了外国使馆区内的德国医院，而后再做下一步打算。此时，溥仪身边的两个人——郑孝胥、罗振玉暗中策划，将溥仪从德国医院转移到日本北京公使馆，再从北京转移到天津的日本租界。罗振玉和郑孝胥都是陈宝琛引荐给溥仪的，这两个人都想依靠外界的力量，帮助溥仪实现复辟的梦想。虽然两个人相互会在溥仪面前邀功争宠，但是此时他们却不谋而合地想利用日本的势力来保障溥仪的安全。于是，溥仪就被他们一步步带入日本精心策划的棋局中。溥仪被逼宫后，日本各大报章就刊登出同情溥仪的文章，而后溥仪在罗郑二人的策划下，由日本人护送移居到天津的日本租界张园和静园后，就放开了手脚，打破自己在紫禁城时遵守的种种规矩。溥仪把大量的金钱都花在了装扮自己上，浑身上下都换成了西方货，带着自己的一妻一妾出入各种场所。在天津的溥仪似乎又找回了当清朝皇帝的感觉。在外国租界里，他受到了极高的待遇，不仅在这些外国人面前恢复了自己皇帝的称呼，一些只对外国人开放的场所也对他网开一面，他充分享受着自己“特殊华人”的殊遇和荣耀。对溥仪来说，保持现有的生活状态，只能通过恢复自己的地位来实现，而这一切在溥仪不断发展的复辟思想中，又起到了推波助澜的作用。但他没想到的是，他已经成为形

1924年12月溥仪和家人及陈宝琛与日本公使馆官员合影

形色色的野心家、阴谋家、政治骗子争夺利用的筹码，成了帝国主义进一步控制中国的一个工具。

溥仪看不出来，因为他年少，因为他是当局者迷。但是，此时的陈宝琛心中明白，他看到虽然各国给予溥仪足够的礼遇，但真正能提供他所需要的支援的却寥寥无几，很多国家都只是出于政治的需要才想到他这个前清皇帝。陈宝琛就一直反对溥仪依靠外国的力量来复辟帝制，或者说此时的他对帮助溥仪恢复皇位已经没有信心了。这也是陈宝琛能在溥仪人生的第二个重要历史关头站对方向的重要原因。

陈宝琛对溥仪的感情现在更多是师生之情，他与当时一心复辟帝制的逆流有本质的区别。当溥仪被逐出紫禁城时，他一见到陈宝琛就放声大哭说：“我无颜见祖宗啊！”陈宝琛忙劝慰道：“皇上切莫悲伤，自古以来哪有不灭亡的朝代呢？而我大清到了今日地步，并非是因为失德而被篡位，皇上也不是亡国之君。皇上年纪尚轻，且博学多识，将来理应成为民国之总统。那时也可以告慰列祖列宗了。”这足以见得陈宝琛已经接受了共和体制。他想“复辟”的不是清朝，而仅仅是溥仪这个人，想通过自己的教导，让他成为民国总统。所以他这时候极力引荐一些自己觉得对溥仪有帮助的人，如民国十二年（1923年）引荐郑孝胥、罗振玉入宫。只是这两人对溥仪帮了倒忙，让他走上一条历史的不归路，这也非陈宝琛所愿。还有王国维等人也都由陈宝琛引荐给溥仪。

陈宝琛在这个历史阶段，确实站在了复辟帝制的一边，是他保守和传统的一面，是因为他前半生都生活在清朝的恩庇下，是他没有跟上时代的脚步。但是，我们作为后人来评价这段历史，要允许陈宝琛这位跨世纪的老人停下来思考一下余生前进的方向。那么汹涌澎湃的政治风云、那么日新月异的时代潮流，当时的遗老还有谁能是时代的弄潮儿？他们要么就被时代所淘汰，要么就被时代所唾弃。陈宝琛不想遗臭万年，因此他停下来，看清了历史前进的方向。但此时的他已经无能为力了，他只能选择被淘汰。

第六章

忠心可鉴　明辨是非

在日本策划成立伪满洲国的过程中，陈宝琛不辞辛苦，在极其困难的条件下三赴东北，力劝溥仪不要当伪皇帝，体现了他坚定的爱国思想和对溥仪的关心。在陈宝琛去世后，他也受到了世人的高度评价。

反对无果，师生情裂

1925年，溥仪被迫逃离了北京，跑到天津的日本租界中暂住。这时的溥仪倒是重新获得了列强的“尊重”，这些国家的领事、驻军司令都依然尊称他为皇帝，而且在他生日的时候也都会到场祝贺，并在各国国庆等节日时也邀请他出席。溥仪自从被赶出皇宫之后，心中那股愤懑已经发展成为强烈的复辟愿望。他认为只有自己重新获得皇帝的地位，才有可能保障他今后的生活和地位。所以在天津期间，聚集在溥仪身边的一些“忠臣”就开始为他出谋划策。其中最为活跃的就是郑孝胥和罗振玉二人。

郑孝胥于1860年出生，是福建省闽侯人。他是清光绪八年（1882年）的举人，并且写得一手好字。他曾历任广西边防大臣，安徽、广东按察使，湖南布政使等。辛亥革命后，郑孝胥标榜自己是清朝遗老，不做民国官，不要民国钱。因此他引起了陈宝琛的注意，并被推荐给了溥仪。郑孝胥一来就向溥仪建议整治内务府，得到了当时对溥仪影响很大的老师——庄士敦的赞赏，从此也慢慢地成了溥仪的心腹之一。郑孝胥对日本有好感，曾将两个儿子都送到日本留学，他们也深受日本的影响。

罗振玉于1866年出生于江苏淮安，清末奉召入京，任学部二等谘议官，后补参事官，兼京师大学堂农科监督。辛亥革命后他曾旅居日本，结游广泛，与日本上层，特别是军政界有广泛的交往。罗振玉也将其子送到日本留学。

这两人在清王朝覆灭之后，还向清帝表忠心。两个人论能力和素质都完胜当时众多昏聩无能的王公大臣，所以陈宝琛积极向溥仪推荐他们。他们也依靠自己的能力和政治手腕很快就赢得了溥仪的信任，成为皇帝身边的近臣。他们虽然在政治上相互竞争，但是都有同一个目的，就是要尽力帮助溥仪重新当上皇帝。罗振玉是“联日派”的代表，主张争取日本的力量来复辟清王朝；郑孝胥也认为可以依靠日本的力量，但他更为大胆地提出“共管”的思想，提出只要谁能帮助复辟清王朝，谁就可以和溥仪一起管理国家。两个人都认为只要能成功复辟，就不存在卖国不卖国的问题。

当然，已经长大了的溥仪刚开始并不大认可他们的这种想法，因为他对列强还是充满了怀疑。此时的溥仪想借助军阀的力量打回北京去。所以他对于到访的军阀，无论大小都积极与他们接触，建立良好的关系，希望获取支持。不论是吴佩孚、张作霖，还是张宗昌、刘凤池等人，他们都利用了溥仪复辟心切的心理，通过各种方式得到溥仪的接见，进而从溥仪手中要走大量的金钱“资助”。当然，这些“资助”都打了水漂。溥仪也渐渐发现，天下军阀一般黑，和把他赶出北京的冯玉祥都是一个样，就对军阀失去了兴趣和信心。

而此时陈宝琛的复辟热情已经消退，趋于保守和不作为。他更多想的是溥仪的人身安全问题，而不是他的皇位。只要有丝毫危及溥仪人身安全的行为，他都坚决反对。1926年，当吴佩孚联手张宗昌打回北京的时候，陈宝琛从天津跑回北京，企图谋求“还宫”。他的目的不是复辟清王朝，而是恢复溥仪曾经拥有的待遇而已。然而溥仪这时候的复仇愿望已经十分强烈，只要有机会他都愿意试一下，不会像陈宝琛考虑得这么周全。所以，陈宝琛在他眼中慢慢地也就变成了迂腐的老头子，陈宝琛的话在他心中的分量也在减少。

T.E.劳伦斯（1888—1935）是英国军人、探险家，他在第一次世界大战期间，联络争取独立的阿拉伯人向土耳其人进攻，被称为“阿拉伯的劳伦斯”。

土肥原贤二（1883—1948）是日本陆军大将，他长期在中国从事间谍活动，是建立伪满洲国和华北自治的幕后主使。1948年被判定为甲级战犯，处以绞刑。

陈宝琛与溥仪

1931年，日本已经发动了“九一八”事变，侵占了中国东北三省，并在为发动全面侵华战争积极做着准备。日本的策略是在东北三省扶植一个中国人的傀儡政府，用中国人治理中国人，日本则在背后进行实际操纵。而溥仪就被日本人盯上了。为了说服溥仪，日本制定了一个周全的方案，派出了素有“东方劳伦斯”之称的土肥原贤二来游说溥仪。尤其是他们提出新国家是以溥仪做皇帝的帝国，这个诱人的条件使得溥仪再也按捺不住，加上郑孝胥等人在旁边煽风点火，溥仪几乎毫不犹豫地同意了土肥原贤二所开出的所有条件，准备即刻动身去东北。

溥仪原想瞒着他的师傅陈宝琛，偷偷地潜赴东北，因为陈宝琛这时候回到了他在北京的家中。溥仪和土肥原贤二会晤的第二天，陈宝琛按照他每天的生活习惯看报，没想到却看到了关于这次秘密会晤的新闻。既然是秘密会晤，自然新闻只能对会晤的内容进行各种揣测。可是，陈宝琛一看到这条消息，就火速搭乘火车赶到天津。他一下车就直奔郑孝胥家中。他估计在溥仪和日本人之间的牵线搭桥者就是郑孝胥。在证实了这个消息后，陈宝琛随即赶往静园——溥仪当时的住处。陈宝琛当着溥仪的面，已经顾不得面前这位“皇帝”的身份，拍着桌子反对此事。但是，溥仪已经被日本人给他画的“大饼”诱惑住了，他不再听从这个已经被他判定为迂腐的老师的建议，他更喜欢能够投他所好的郑孝胥大胆冒进的想法。溥仪终于还是偷偷溜到东北，在伪满洲国当上了“皇帝”。

陈宝琛反对溥仪去伪满洲国当皇帝更多的是为溥仪的人身安全考虑，害怕他被日本人陷害，有去无回。这种判断正是基于陈宝琛对日本这个国家的了解，和他对列强侵略中国嘴脸的认识。此时陈宝琛要劝一个被中国人赶下台的“皇帝”，也不可能打出民族大义的旗号来说服，他只能从人最基本的安全需求出发，力劝溥仪不要落入日本人的圈套。而恰恰是这种最基本的考虑，让陈宝琛再次在重大历史关头站对了方向。

从此，溥仪彻底离开了陈宝琛，陈宝琛也再也管不住这个已经长大了的学生。

三赴东北，力劝溥仪

溥仪迅速从天津去东北，有其个人的主观意愿，同时还有日本威逼利诱，甚至是胁迫的因素。

日本人先是组织汉奸便衣队，收买了一些流氓打手，对天津租界附近进行骚扰抢掠，甚至还鸣枪，以此制造日租界戒严的口实。溥仪居住的静园门外，围起了铁丝网，开来了铁甲车，派来了日本士兵，就是为了“保护”溥仪的住处。任何人想要进入都必须拿到日本人颁发的通行证。这时候能自由出入的只有郑孝胥等人，而陈宝琛则被毫不客气地挡在围墙之外。他已经被日本人

列为溥仪不可见的对象。

溥仪就是在陈宝琛不知情的情况下，于1931年11月10日夜晚乔装成日本军人，乘上日本军舰，在旅顺军港登陆，之后被安排住在旅顺和大连之间的温泉胜地汤岗子大和旅馆。

陈宝琛对于溥仪的行动事先毫不知情。但当他收到消息后，仍不顾年老体衰，于1932年1月24日乘海船从天津追到大连。溥仪刚到大和旅馆住定两三天，陈宝琛便也赶到了旅顺。他这时唯一的想法就是尽自己最后的努力，劝回溥仪。本来陈宝琛一直是日本重点盯防的对象，在天津时是不让他见溥仪的。直到此时，溥仪到了大连，已经羊入虎口，日本人对他的戒备才有所放松，陈宝琛在日本人的监视下好不容易和溥仪见了一面。

陈宝琛一到旅顺，日方便派了两个日本人跟随他。陈宝琛此时已经80多岁，步履蹒跚，但他急于见到溥仪，一下船后，便踉踉跄跄，直奔溥仪住处。

终于赶到溥仪所住的旅店，陈宝琛一见溥仪，看到这位从小自己看着长大的孩子，现在已长大成人，而如今还走上了这么一条险恶的人生道路，原本心中五味杂陈，一股郁气无法疏解，一下子情绪爆发出来，放声大哭，向溥仪行臣子之礼，以头叩地说："皇上，这事做不得，做了要千万世受人唾骂，快和我一同回去吧！"溥仪对于陈宝琛突然之间的情绪大爆发一时不知如何是好，加上此时身边有日本人，更是身不由己，所以只能张口结舌，无言对答。

跟随陈宝琛前来的日本人看见势头不对，就说："太傅现已见到皇上平安无事，可以放心了。太傅沿途辛苦，先去休息吧，其余从长计议。"说完，不由分说，将陈宝琛架出大和旅馆，上了汽车，一路开回大连。陈宝琛一到大连，就被送上轮船，两个日本人一路跟随他回到天津家中。

一个月后，溥仪执政伪满洲国。

陈宝琛是1932年2月4日回到天津的，不久便从天津迁居回了北京。这也许就是他对与溥仪之间师生关系的一个了结。他也在真正意义上结束了与过去一个时代的关系，而这种终结让陈宝琛避免了历史的审判。这不仅是一位智者的抉择，更是一位贤者对历史的责任、对时代的潮流、对民族气节做出的最有力的回应。

虽然溥仪开始执政伪满洲国一事木已成舟，但是作为一位师者，陈宝琛对自己的学生总是抱着希望他能改正错误的想法，于是就有了陈宝琛晚年三赴东北的故事。

陈宝琛第二次去东北还是在1932年。他迁回北京后，仍然日夜牵挂着溥仪，平常都通过阅读报纸关心伪满洲国的消息。陈宝琛觉得过一阵子之后，溥仪应该能从伪满洲国皇帝的迷梦中醒悟过来，于是他又打算再赴东北。1932年10月8日，陈宝琛从天津港乘船出发，第二天到了大连，再转火车抵达长春。长春当时称为“新京”，是伪满洲国的“首都”。到了长春后，年迈的陈宝琛已经不堪旅途的辛劳，身体出现许多不适，于是便暂且住下，边调养身体边做溥仪的思想工作。这一次他在长春住了两个多月。在此期间，陈宝琛多次见到了溥仪，他吸取上一次与溥仪见面的教训，并没有一开始就急于表态让溥仪回去。他通过了解溥仪的生活和工作等情况，旁敲侧击地告诫溥仪这种皇帝当不得，会被世人唾骂。陈宝琛还与溥仪的秘书胡嗣瑗建立了很好的私交，想通过这位秘书告诫溥仪不能做伤害民族大义之事。

另一方面，这时日本人也开始做起了陈宝琛的工作。他们提出仍给陈宝琛“太傅”的官职，给他很高的俸禄。没有多少家财、内心就想着溥仪的陈宝琛并不为所动。在陈宝琛的眼里，民族大义乃无价之宝，钱财官爵都是过眼云烟。他甚至公开对溥仪说：“你左右的人一个好的也没有！”有一次，刚好一家报社来找陈宝琛求字，他便顺手写下“旁观者清”。而后，报社便将此四字刊出。一直暗中盯着陈宝琛的日本人竟让陈宝琛在眼皮底下耍了花样，觉得对陈宝琛软的不行就要来硬的，杀杀他的锐气。于是一天夜里，日本人指派的一名杀手持刀对陈宝琛说：“我看你老了，不忍加害，你快走吧！”年迈的陈宝琛对刺客的威胁却笑着回答：“我所做乃民族大义之事，早已将生死置之度外，要不我也不敢来到日本人统治的地方。”这位刺客为之所动，便弃刀而去。事后，陈宝琛并不以为然，仍继续留在长春。

陈宝琛眼看把身体调养差不多了，他也知道此地不宜久留，倒不是担心自身的生命安全，而是怕被日本人软禁起来不能回去，岂不是跳进黄河也洗不清，一生名节毁于一旦？陈宝琛便择日坐火车到大连，再于12月15日乘海轮“天潮丸”返津。

陈宝琛的第三次东北之行发生在1933年。他于11月8日出发，还是先乘船到大连，11日换乘火车于当晚抵达长春。这一次又住了两个多月，而且就住在溥仪身边。这次东北之行，是暮年的陈宝琛对自己学生的最后一次挽救努力，在电影《末代皇帝》中有这样一个场景，是关于陈宝琛和溥仪之间的对话。

陈宝琛对溥仪说：“日本对满洲的侵略将受到国际联盟和地球上所有文明国家的谴责。”溥仪应道：“民国违背了它对我许下的每一个诺言！中国军队侮辱了我先祖的陵墓！而且中国军队没有在日本进攻时保卫满洲。”失望的陈宝琛摇着头说道：“但满洲仍是中国。”“中国背弃了我。”溥仪又反驳道。

这段简单的对话再现了师徒和君臣之间最后的时刻和最终的矛盾，这些矛盾在陈宝琛人生的最后阶段也未能化解。

1934年，陈宝琛还想出行，但是因身体原因一直向后推迟。第四次出行最终没有成行。年届九旬的陈宝琛，因咳嗽而转为肺炎，1935年2月间住院治疗，出院后于3月5日谢世。临终前，他口授给溥仪的遗折中写道：

> 不图心长命促，福薄灾生，空怀捧日之忱，无复回春之望。生机已尽，恨无路以瞻天；素愿未偿，徒衔悲而入地。命也如此，夫复何言？

后世有人质疑陈宝琛虽未与溥仪同去伪满洲国，但为何他要三赴东北，是不是也有所企图呢？实际上，陈宝琛为的是尽一份老师的职责。他始终把溥仪看成自己的学生，学生犯错老师岂能熟视无睹？陈宝琛更是为尽一份家国情怀，他认为不能让他曾经效忠的皇帝、曾经教过的学生变成一位出卖国家的叛国贼。陈宝琛此时已经不能力挽狂澜，他只能尝试苦口婆心地感化溥仪，所以他选择一而再、再而三地跑到溥仪的身边，亲自完成这个未竟的使命。

从1932年到去世前，陈宝琛三赴东北，这也成了他人生最后的亮点。

病逝他乡，归葬故里

陈宝琛辞世后，《北平日报》第二天发表了题为《一代鸿儒陈宝琛晚节独全，尤为世重，昨日大殓，明日接三》的报道，该报道介绍了陈宝琛的生平，对其一生给予了肯定。陈宝琛病逝的消息迅速传遍全国各地。连日，陈宝琛的生前好友、特别是他的学生或发来唁电，或不远千里前来吊唁，在陈宝琛灵前同声一哭，无不对其病逝深表悼念和不舍。

陈宝琛遗像

陈宝琛的丧事可谓庄严隆重，哀荣至极。许多学生都在堂前披麻戴孝，敬守灵堂，比如陈三立、朱益潘等人。此时的陈和朱二人也都年迈，但都不顾体弱，亲自为老师守灵。他们不仅敬重陈宝琛的学识，更钦佩老师的为官和为人处世之道。当时在北京的闽人也纷纷前来吊孝，有科举时代选取的“甲乙榜”，也有福建师范学堂的学生。

陈宝琛的灵柩于4月21日发引，从北京家中迎往法源寺，并在法源寺安放，待其子从福建赶来迎柩。沿途观者如堵，政府只能出动警署巡官、警士维持秩序。殡列经由西单北大街、西长安街、六部口、北新华街、和平门、南新华街、骡马市大街、广安门内教子胡同，最后抵达法源寺。沿途搭设了7处路祭棚，一些商号、住户自发设置的慰劳送殡宾客及孝属的茶桌、茶会不下三四百处。由于送殡宾客和前来路祭的人过多，所以陈宝琛的灵柩从上午9点出堂，直至下午2点才抵达法源寺。灵柩安放法源寺期间，更多来自社会各界的名流人士纷至沓来，送他最后一程。按照陈宝琛的遗嘱，后事一切从简，并最后归葬福州。

在一切准备就绪之后，陈宝琛的灵柩于11月3日下午从北京运回福州，归葬故里。11月中旬灵柩便安抵福州。一到福州，又掀起了一番吊唁高潮。螺洲路上，素车白马，络绎不绝。灵堂两侧，挽联悼词，层层叠叠。时任福建省政府主席陈仪也亲自前来吊唁。

陈宝琛墓位于现福州市马尾区君竹村西300米的登龙岭，坐东北朝西南，如意字形，四级墓坪，封土顶如覆釜，前立墓碑，碑文："清晋太师太傅陈文忠公墓。"碑高1.66米，宽0.83米，左右石屏，屏柱对联："冰渊晚节期无忝；桑海余生会有涯。"上款："癸亥五月"，下款："沧趣老人时年七十有六"。墓宽13.35米，深27米，三合土夯筑。墓前施照墙一道，南面榜书："永式丰珉"，北面书："山高水长"，墙用三合土夯筑，高1.7米。墓碑、祭台、石柱均为汉白石琢磨。陈宝琛学生陈三立对恩师的功业和道德文章做出高度评价，并热情赞颂，他在墓志铭中写下：

> 捷驰亨衢，震奋雷声。方壮而踣，挫锐磨英。匪挫匪磨，浩气承轲。伦纪攸扶，倚此番香。朝有元老，帝曰："人瑞"。佩服陆离，取御魑魅。万变一瞥，弥缝尽瘁。朝运自天，圣哲莫违。道义在躬，孰予是非。孤照百事，冥接歔欷。听水之斋，鼓山之阳。昔也寤歌，魂精徜徉。归翳忠锐，岩荣谷馨。扬揭贞素，允显下庭。

可以说世人对陈宝琛的生平最终盖棺论定。

不仅陈宝琛的门生对陈宝琛有很高的评价，其他人如其生前好友陈衍也评价他"生憎虎豹当阑恶，转觉麒麟卧地安"；著名历史学家蒋廷黻认为陈宝琛虽非洋务派但不反对洋务事业，虽主张"中学为体"，但并不排斥西学。他不仅主张中西学问相通，新旧文明相益，而且在倡导西学、引进西技方面躬亲实践、殚精竭虑。可以说，这些都是对陈宝琛思想较为客观公正的评价。

陈宝琛的一生亲历了外敌入侵、朝代更替，经历人生跌宕、人情冷暖，但唯一不变的是他对儒家信念的追求，和对国家、民族的热爱。

立功、立行、立言、立德

陈宝琛走完了跨世纪的人生。他早年为官，清流勇谏，主张海防塞防保疆土，为立功；赋闲在家，兴办新式教育，培养了顺应时代的大量人才，为立行；晚年集合生平诗文而成《沧趣楼诗集》，为后世所传，为立言；而其一生展现出来的不畏权贵、铮铮铁骨、勇辨忠奸、民族大义等，则为立德。

陈宝琛是一位士人。他1860年中县学秀才，1865年中举，1868年登同治戊辰科进士，授翰林院庶吉士。1871年授编修，1874年被提拔为翰林院侍讲，充日讲起居注官、内阁学士兼礼部侍郎。他直言敢谏，同张之洞、张佩纶、宝廷被誉为“枢廷四谏官”，甚得皇帝宠信。中法战争后因褒举唐炯、徐延旭统办军务失当，遭部议连降五级，从此赋闲家居达25年之久。赋闲期间，热心于家乡教育事业。1909年，复调京充礼学馆总裁。为官期间，刚正不阿，敢于上谏，维护主权，抵御外敌。

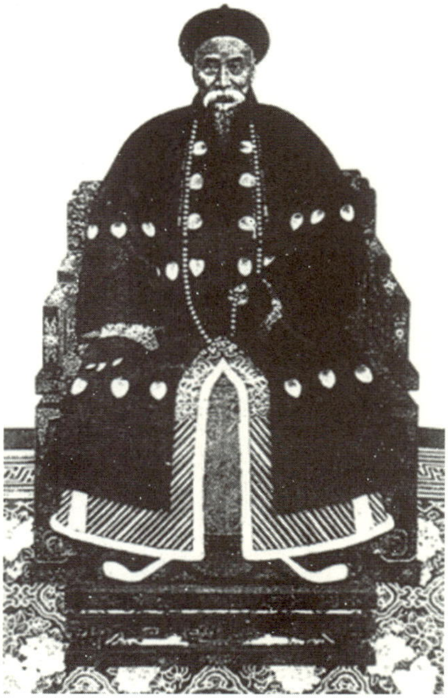

陈宝琛晚年像

陈宝琛是一位师人。他是中国师范教育的主要开创者之一。1897年，福州永泰乡贤力钧利用开办银元局的赢利，创办了苍霞精舍。1898年，东文学堂开学，聘请陈宝琛任董事兼总理。戊戌

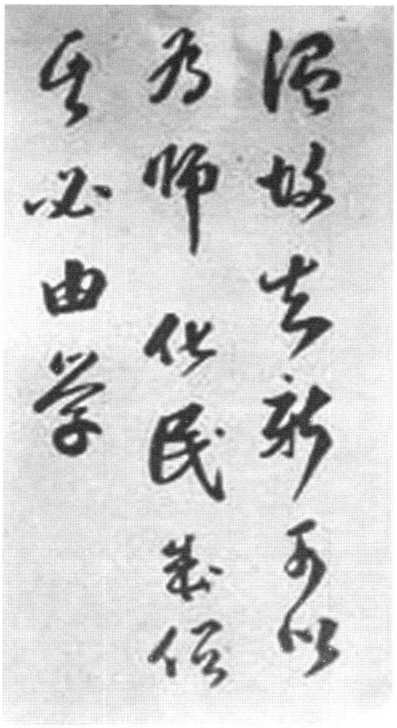

陈宝琛亲笔题的训联

变法后，福建各地纷纷提出兴办中、小学堂，但新式教育的教员特别缺乏。当时的闽浙总督同陈宝琛协商，欲将东文学堂扩充为官立全闽师范学堂，全力培养新式教育的师资力量，以解燃眉之急。陈宝琛慨然应允，并出任学堂监督。此学堂也是全国最早创办的师范学校之一。陈宝琛为学堂亲自题写校训："温故知新可以为师，化民成俗其必由学"。

陈宝琛还撰写了一篇语重心长的《开学告诫文》，颇像以后的《师范生守则》，成为全闽师范学堂培养学生的准绳。全闽师范学堂在1902年至1909年间，共培养毕业生700人，其中大部分成了福建中小学骨干教师。1905年，陈宝琛又出任福建高等学堂监督，深感学务繁忙、力不从心。于是，他邀集省城士绅座谈，倡议成立全闽教育商榷机构，大家一致赞成。当年11月，闽省学会（福建教育总会的前身）宣告成立，陈宝琛被公推为会长。学会成立后，由于众人同心同德、群策群力，八闽大地掀起了兴办小学堂的高潮。至1909年陈宝琛晋京官复原职时，福州城乡已兴办公立、私立小学校30余所，新式教育蔚然成风。更难能可贵的是，陈宝琛还开明大度地支持夫人王眉寿兴办新式女子教育。1906年，王眉寿创办女子师范传习所，自任监督。1907年，女子职业学校问世，王眉寿兼任监督。1909年，两校合并为女子师范学堂，监督一职还是非王眉寿莫属。可以说，倘若没有陈宝琛的全力支持，福建新式女子教育的立足与发展是难以想象的。人民心中自有一杆秤，陈宝琛对于福建现代教育的贡献是有目共睹的。

陈宝琛是一位诗人。近代诗坛活跃着一个实力和影响较大、有一批成就卓著的诗人、却又为人诟病的诗歌流派——同光派。陈宝琛便是同光派闽派的扛鼎诗人之一。他的《沧趣楼诗集》（十卷），共收入古今体诗791首，另附录《听水斋词》40多首，收录了他近半个世纪的诗歌作品。在后来的学者对其诗词作品进行研究后，做出了这样的评价：

> 其诗取径宋诗，叙事寓理，以散为骈，字工、事切、律细，略似荆公，推源唐诗乃至上溯《诗》《骚》、晋陶，能熔铸古今、继承创新，自成一家。

陈宝琛对诗作精益求精的要求和他对做人的要求是一致的，“必改而后成”，不允许有丝毫瑕疵出现。

他的诗作，有的通过对古代和先帝盛世的怀念来表达对现实社会的不满

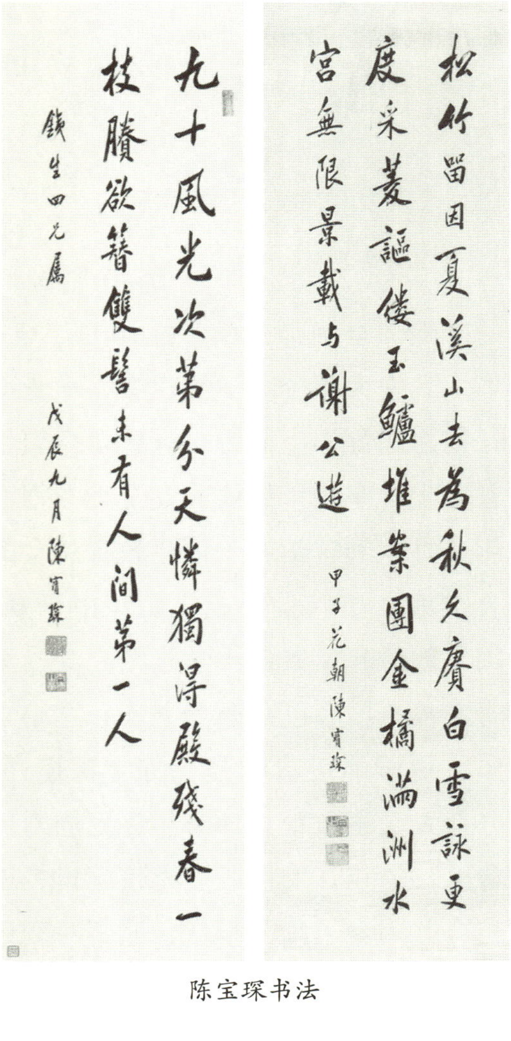

陈宝琛书法

和批判，更像是封建末代歌手所唱的王朝挽歌，是理想与现实错位的遗老悲歌，是正直操守与军阀统治下战祸频仍、政治黑暗的现实相互矛盾、相互撞击的心灵颤音。他有时还念念不忘君臣之义，为被推翻的末代王朝涂脂抹粉、歌功颂德乃至宣扬、美化复辟帝制思想；但同时又敢于揭露社会的黑暗、进而呼吁社会安定，对人民疾苦报以同情。“委蜕大难求净土，伤心最是近高楼”是王国维自沉于昆明湖之前曾题写过的两句诗，以至于很多人误以为这诗是王国维所做，其实此句出自陈宝琛的《次韵逊敏斋主人落花四首》。它是才华横溢而困顿不堪的王国维的写照，又何尝不是陈宝琛自己一生最贴切的写照——在这帝国已倾、一片焦灼的废墟上，被末代皇帝曾视作灵魂的文士，最接近危楼核心的清流孤臣留下的无情的“落花”感慨。这几首诗也成为陈宝琛诗文中的代表作。

楼台风日忆年时，茵溷相怜等此悲。
著地可应愁踏损，寻春只自怨来迟。
繁华早忏三生业，衰谢难酬一顾知。
岂独汉宫传烛感，满城何限事如棋。

冶蜂痴蝶太猖狂，不替灵修惜众芳。
本意阴晴容养艳，那知风雨趣收场。
昨宵秉烛犹张乐，别院飞英已命觞。
油幕彩幡竟何用？空枝斜日百回肠。

生灭原知色是空，可堪倾国付东风。
唤醒绮梦憎啼鸟，罥入情丝奈网虫。
雨里罗衾寒不耐，春阑金缕曲初终。

返生香岂人间有，除奏通明问碧翁。
流水前溪去不留，余香骀荡碧池头。
燕衔鱼唼能相厚，泥污苔遮各有由。
委蜕大难求净土，伤心最是近高楼。
庇根枝叶从来重，长夏阴成且小休。

陈宝琛的这四首落花诗，被称为后落花诗，是相对于他作于1895年的前落花诗《感春四首》而言。陈宝琛的后落花诗语言优美，几乎句句用典，在百转千回的思索中蕴涵一股哀婉而又凄美的气质，具有极高的艺术价值。后落花诗在当时流传很广，林葆忻有诗云："殿柳官莺春欲晚，禁城传遍落花诗。"在逊清文人中间，后落花诗更是被广为传吟。由于这几首诗借落花抒发对世事、时运的感慨，表现出一种遗民情怀，所以能在逊清文人中间引起共鸣，这也是王国维之所以钟爱并为人书扇的原因。陈宝琛的后落花诗是《沧趣楼诗集》中的上乘之作，也是近代诗坛难得的佳作。

他的诗作还通过讽刺、戏谑的方式表达对民族大义的坚持。如他曾写道：

诸君好勒浯溪颂，老我归寻息壤盟。
赠策衰庸何敢比，从来王道视人情。

表明了自己不同伪满洲国同流合污的鲜明态度，并语含讽刺。再如1933年陈宝琛在赠答辽阳黄黎雍的《次韵答松客》诗词中对伪满官员的讽刺更是入木三分，而光复大清祖业的"警钟"长鸣：

折腹朝朝累大官，雪中屋暖不须宽。
关山仍岁来奔问，涧谷无心及考槃。
谁解倒悬苏世患，忍持迂论责君难。
辽东毕竟龙兴地，四海横流底得安。

首尾呼应，结句照应开篇，以讽刺戏谑的口吻告诫溥仪等人不要乐不思蜀，辽东毕竟是满族祖先的发祥地，别忘了光复祖业，不要忘了国家大义。

陈宝琛是一位德人。壮年时的陈宝琛意气方遒，为保家卫国、抵御外敌入侵，冒死进谏，与国家和民族的命运荣辱与共。晚年时的陈宝琛一身浩然正气，不顾风烛残年，冒死赴东北劝谏，不受日本的金钱和官爵诱惑。他一生慷慨好施，乐于帮助他人，勤办教育，有“闽师之源”之称。这些都通过本书的一个个小故事展现出来，让后人逐步发掘这位福建名人留给我们的宝贵的精神财富。

后　记

福建，山海相拥，人杰地灵，人文荟萃，英才辈出，产生了许多伟大的思想家、文学家、教育家、科学家和民族英雄、爱国先驱、革命将士、时代楷模。他们的教育成长、道德品行和思想文章，是福建的宝贵精神财富，教育和激励着一代代福建人努力学习、奋勇前行。福建省社会科学界联合会组织编写的“福建历史文化名人丛书”，以福建历史名人为题材，古今结合，意在从高处着眼、从基础着手，普及人文社会科学知识，促进人文道德养成，使社会科学知识走进大众、走进生活、走进现实，让更多的人了解福建历史名人，弘扬优秀传统文化，增强福建文化影响力和感染力，为建设文化强省添砖加瓦。

“福建历史文化名人丛书”（第二辑）所包含的李贽、宋慈、郑樵、柳永、黄榦、蔡襄、辜鸿铭、林觉民、沈葆桢、陈宝琛10个人物故事，记录了福建文化之于中国历史的影响，同时也以人物史的叙述方式生动地展现出中国人文精神的风骨和传统文化的传承。人物篇以人物生平为线索，在故事中体现传主的学问、事功、道德，凸显他们在中华文明进程中的重要作用，深入挖掘和阐发其内在精神，从而激起读者爱国爱乡的强烈情感，使之成为涵养社会主义核心价值观的重要源泉。

这套丛书以广大群众为读者对象，尤其是各年龄段的学生群体以及受过中等教育的读者，他们对这些历史名人的认知，大多来源于历史课本、乡土教材、文化景点和博物馆，很难形成具体、深入、系统的认识。丛书深入浅出，雅俗共赏，通过一个个生动精彩的故事带领读者走进福建历史，走入人文社会科学的知识殿堂，融故事性、知识性、趣味性、可读性于一体，对提升大众的阅读水平，普及社会科学知识、提高人文社会科学文化素养和思想道德素质有着积极的作用。

福建省社科联党组书记、副主席冯潮华对编撰出版工作提出明确要求，给予大力支持。省社科联党组成员、副主席缪建萍亲自指导本书的策划和编写。省社科联从事社科普及工作的缪旭明、杨文飞、林彤、李培鋗等具体组织实施本丛书的编撰出版工作。

刘小新、林国平、刘传标等专家学者对丛书写作大纲和书稿进行了认真审读，并提出了许多很好的意见和建议，在此表示感谢！

由于编撰出版时间紧，经验和水平有限，疏漏在所难免，敬请广大读者批评指正。

编委会

2017年2月